Reichsgerichts-Entscheidungen

in kurzen Auszügen

Zivilsachen — Band 168

1943

J. Schweitzer Verlag, Berlin und München

Reichsgerichts-Entscheidungen

in kurzen Auszügen

Zivilsachen Band 168

1943

J. Schweitzer Verlag, Berlin und München

Printed in Germany

Druck von Dr. F. P. Datterer & Cie., Freising-München.

Von dieser Sammlung erschienen folgende Bändchen:

I. Zivilsachen:	Bd. 76—100	. . .	je RM.	0.80
	„ 101—140	. . .	je RM.	1.—
	„ 141—155	. . .	je RM.	2.—
Serien:	„ 76—155	mit 3 Reg.	zus. RM.	76.—
	„ 81—155	83—119 120—130	zus. RM.	71.—
	„ 91—155	131—140	zus. RM.	61.—
	„ 101—155		zus. RM.	53.—
	„ 111—155		zus. RM.	43.—
	„ 121—155	mit 4 Reg.	zus. RM.	33.—
	„ 131—155	mit 4 Reg.	zus. RM.	28.—
Gesamtregister zu	Bd. 83—119	. . . .	RM.	6.—
Gesamtregister zu	Bd. 120—130	. .	RM.	1.80
Gesamtregister zu	Bd. 131—140	. . . . .	RM.	1.50
Gesamtregister zu	Bd. 141—150	. . . . .	RM.	1.50
II. Straffachen:	Bd. 45—55	. . .	je RM.	0.80
	„ 56—64	. .	je RM.	1.—
	„ 65—71	. . .	je RM.	2.—
Serie: Bd. 45—71 mit Ges.-Reg. zu Bd. 45—60			zus. RM.	27.—
Gesamtregister zu	Band 45—60	. . . .	RM.	3.70

Jedes Bändchen entspricht einem Bande der amtlichen Sammlung.

1. Feindliches Vermögen. Konnossement. Verfügung. Unzulässige Rechtsausübung. (FeindlVermVO. vom vom 15. Januar 1940 § 4; VO. über das Verfahren zum Zweck der Kraftloserklärung von Konnossementen vom 4. Oktober 1939; HGB. §§ 365, 654, 659; BGB. §§ 826, 855; ZPO. § 1018.) Im Auftrag einer Exportgesellschaft lud im August 1939 die Spedition EEM. in Bremen Stahlwaren in einen deutschen Dampfer ab. Die Güter waren nach Britisch Indien bestimmt. Am 12. August 1939 stellte die Reederei des Dampfers über die Ladung 7 Orderkonnossemente aus und übergab sie der EEM. Diese versah sie mit Blankoindossamenten und sandte sie an eine Tochtergesellschaft der Exportgesellschaft in London (nachfolgend mit ML. bezeichnet). Der Dampfer verließ Bremen am 12. August 1939. Infolge der Kriegserklärung Englands lief er Neapel als Nothafen an. Im Oktober 1939 ließ die englische Spedition CK. durch ihren Vertreter die Konnossemente in Neapel vorzeigen und verlangte die Auslieferung der Güter. Diese wurde ihr verweigert, weil sie den verlangten Einschuß auf die Nothafenkosten ablehnte. Auf Antrag von EEM. wurden die Konnossemente im Herbst 1940 vom Amtsgericht Bremen durch Ausschlußurteil für kraftlos erklärt. EEM. trat die Rechte aus dem Urteil an die Exportgesellschaft ab. Diese klagte gegen die Reederei des Dampfers, in dem die Güter verladen waren, auf deren Herausgabe. Die Beklagte beantragte Abweisung der Klage, weil die Voraussetzungen für eine Kraftloserklärung der Konnossemente nicht vorgelegen hätten und die Klägerin sittenwidrig handle, wenn sie das Urteil, dessen Unrichtigkeit ihr bekannt sei, als Klagegrundlage benutze. In zwei Rechtszügen wurde die Klage abgewiesen. Das Reichsgericht gab ihr statt. Das Berufungsgericht war davon ausgegangen, daß durch die Übersendung der Konnossemente an die ML. dieser ein Anspruch auf Ausfolgung der Güter gegen die beklagte Reederei erwachsen sei; die ML. sei eine selbständige Rechtspersönlichkeit des englischen Rechts, nicht nur eine Niederlassung der Klägerin. Der Anspruch sei durch die nachfolgende Kraftloserklärung der Konnossemente unberührt geblieben, da diese nur den Besitz der Konnossemente ersetze, aber das zugrunde liegende Begebungsverhältnis unberührt lasse. Der Anspruch sei eine Forderung gegen einen Schuldner, der im Inland seinen Wohnsitz habe. Über ihn würde durch die Ausfolgung der Güter an die Klägerin verfügt werden; das stehe im Widerspruch zu der Verordnung über die Behandlung feindlichen Vermögens vom 15. Januar 1940. Diesen Ausführungen trat das Reichsgericht nicht bei. Inhaber der Konnossemente war nach dem festgestellten Sachverhalt nicht die ML., sondern die englische Spedition CK.; diese hatte die Papiere nach der Behauptung der Klägerin durch Verfügung von hoher Hand erworben. Da eine solche Verfügung von den deutschen Gerichten nicht anerkannt werden konnte, waren damit die Papiere als abhanden gekommen anzusehen, und die beklagte Reederei als Konnossementsschuldnerin war berechtigt, die Leistung auf Grund der Konnossemente zu verweigern; eine Feindforderung im Sinne der Verordnung lag hienach nicht mehr vor, da mit dem Ausschlußurteil der Spedition CK. die förmliche Berechtigung zur Geltendmachung der Konnossemente entzogen worden war. Ein Herausgabeanspruch von ML. als ausgewiesener Inhaberin der Konnossemente konnte überhaupt nicht in Frage kommen. Hatte aber ML. durch die Übersendung der Konnossemente Eigentum an diesen und damit auch an den Gütern, auf die sie sich bezogen, erworben, so hatte sie allerdings gegenüber der Klägerin das bessere Recht und konnte dies auch durch Weitergabe der Konnossemente auf andere übertragen. Durch das Ausschlußurteil wurde dieses Recht gefährdet und es kam für die ML. oder deren Rechtsnachfolger ein Recht auf Abtretung des Anspruchs aus dem Ausschlußurteil gegenüber der Klägerin in Frage; insofern konnte es sich um Feindesvermögen handeln. In dem von der Klägerin erhobenen Auslieferungsanspruch, der sich allerdings auf die gleichen Güter bezog, konnte aber im Gegensatz zu der Auffassung des Berufungsgerichts keine Verfügung im Sinne der Verordnung über die Behandlung feindlichen Vermögens gefunden werden. Als Verfügung wird, wenn man den Begriff weit auslegt, jedes Rechtsgeschäft zu betrachten sein, das auf eine das Ziel der Sicherstellung und Erhaltung feindlichen Vermögens vereitelnde Änderung der Rechtsbeziehungen zwischen Gläubiger und Schuldner der feindlichen Forderung einschließlich der Besitzverhältnisse hinwirkt; es muß aber ein Rechtsgeschäft sein, das insoweit unmittelbar eine Einwirkung auf die feindliche Forderung, auf die Rechtsbeziehungen zwischen Gläubiger und Schuldner hat, nicht aber ein solches eines Dritten, das sich lediglich auf den gleichen Gegenstand bezieht. Zudem kann nicht schon eine Klage auf Herausgabe von feindlichem Vermögen als Verfügung angesehen werden, sondern erst eine auf Grund der Verurteilung vorgenommene Vollstreckung in den Gegenstand der Klage. Das muß um so mehr gelten, wenn es sich um die Klage eines Dritten handelt. Eine Verurteilung auf Herausgabe der Güter wäre allerdings ausgeschlossen, wenn darin eine unzulässige Verfügung über die Güter im Sinne der Verordnung über die Behandlung feindlichen Vermögens liegen würde. Das war aber zu verneinen. Nur die Verfügung über die im Inland befindlichen beweglichen Sachen, die zu feindlichem Vermögen gehören, ist genehmigungsbedürftig. Die im Dampfer befindlichen Güter befanden sich aber nicht im Inland. Deutsche Handelsschiffe, die sich in fremden Häfen befinden, gelten nicht als zum Reichsgebiete gehörig. Die begehrte Verurteilung verstieß also nicht gegen die Verordnung über die Behandlung feindlichen Vermögens. Auch der Einwand, daß in ihr eine unzulässige Rechtsausübung liege, traf nicht zu. Hiefür müssen, wenn es sich um das Gebrauchmachen von einem unrichtigen, aber nicht erschlichenen Urteil handelt, folgende Voraussetzungen erfüllt sein:

1. Das Urteil muß im Ergebnis sachlich unrichtig sein; Unrichtigkeit des Verfahrens reicht nicht aus.
2. Derjenige, der sich auf die Rechtskraft eines solchen Urteils beruft und davon Gebrauch macht, muß die Unrichtigkeit kennen.
3. Es müssen besondere Umstände hinzutreten, welche die Ausnutzung des Urteils als sittenwidrig erscheinen lassen.

Das Ausschlußurteil war auf Grund der Verordnung vom 4. Oktober 1939 über das Verfahren zum Zweck der Kraftloserklärung von Konnossementen erlassen worden. Es war davon ausgegangen, daß diese Verordnung nur eine Verfahrensvorschrift darstelle, welche die allgemeinen Voraussetzungen für die Kraftloserklärung von Konnossementen unberührt lasse. Das Abhandenkommen der Konnossemente hatte es als glaubhaft angesehen, weil sie bis zum 12. Oktober 1939 nicht vorgelegt worden seien. Die spätere Verfolgung in Neapel hatte es unbeachtet gelassen, weil die Konnossemente der Klägerin bei der ML. durch Beschlagnahme abhanden gekommen seien. Als entscheidend hatte es erklärt, daß der Vorzeiger der Konnossemente seine Ansprüche bei dem Amtsgericht Bremen nicht angemeldet hatte. Die Antragsberechtigung von EEM. hatte das Ausschlußurteil daraus gefolgert, daß diese Firma die in blanco indossierten Konnossemente zuletzt in den Händen gehabt habe. Das Reichsgericht erklärte diese Ausführungen insofern für bedenklich, als die Antragsberechtigung von EEM. angenommen worden war. Antragsberechtigt ist bei Blankoindossamenten der letzte Inhaber vor dem Abhandenkommen. Das war EEM. selbst dann nicht, wenn ML. nur Besitzdienerin und nicht unmittelbare Besitzerin war. EEM. hatte die Konnossemente an ML. gesandt und damit ihren unmittelbaren Besitz aufgegeben. Diesen unmittelbaren Besitz hatte ML. entweder als unmittelbare Besitzerin für sich oder als Besitzdienerin für die Klägerin erworben. EEM. war also keinesfalls antragsberechtigt. Dieser Mangel stand aber der Rechtskraft des Urteils nicht im Wege. Etwaige Rechte der Geschädigten wurden dadurch nicht betroffen; zu diesen gehörten, wenn ML. oder ein Rechtsnachfolger bessere Rechte an den Konnossementen hatten, nur diese Personen, nicht aber die Beklagte, die mit ihrer Berufung auf diese Rechte unzulässigerweise eine Einwendung aus dem Rechte dritter Personen geltend machte. Diese Bedenken genügten nicht, um unzulässige Rechtsausübung auf seiten der Klägerin anzunehmen. (I, 12. September 1941.) Amtl. Sammlg. S. 1—17.

Vgl. Bd. 49 S. 134; Bd. 155 S. 55; Bd. 156 S. 269; Bd. 163 S. 287; Bd. 165 S. 26; RGSt. Bd. 2 S. 17.

2. **Fürsorgeerziehung. Antragsfristen.** (JWG. § 72.) Die Mutter eines in Fürsorgeerziehung genommenen Mädchens beantragte beim zuständigen Jugendamt die Aufhebung der Fürsorgeerziehung. Der Antrag wurde abgelehnt. Das Amtsgericht bestätigte den Beschluß des Jugendamts; das Landgericht verwarf die dagegen eingelegte Beschwerde. Das Kammergericht wollte in Abänderung der Vorentscheidungen den Antrag der Mutter als unzulässig verwerfen, weil seit der Rechtskraft des die

Fürsorgeerziehung anordnenden Beschlusses noch kein Jahr verstrichen war, die Gerichte also nach seiner Auffassung sich nicht auf eine sachliche Prüfung und Bescheidung des Antrags hätten einlassen dürfen; es legte aber wegen eines entgegenstehenden Beschlusses des Oberlandesgerichts München die Sache dem Reichsgericht vor. Dieses trat der Auffassung des Oberlandesgerichts München bei. Die vorzeitige Aufhebung der Fürsorgeerziehung setzt keinen Antrag voraus; sie hat von Amts wegen zu geschehen, sobald die sachlichen Voraussetzungen dafür gegeben sind. Wenn ein Antrag darauf erst ein Jahr nach Eintritt der Rechtskraft des die Fürsorgeerziehung anordnenden Beschlusses gestellt werden kann, bedeutet das, nicht, daß die zuständige Stelle innerhalb dieser Sperrfrist sich der Prüfung, ob noch hinreichende sachliche Gründe für die Fortsetzung der Fürsorgeerziehung vorliegen, zu enthalten hätte. Der Zweck der Regelung ist, unnütze Belastungen der Amtsstellen und Störungen des Erziehungsganges durch unbegründete Anträge und die ihretwegen erforderlichen Erörterungen zu verhindern, indem verfrühte Anträge als unzulässig abgelehnt werden können, wenn die zur Entscheidung berufene Stelle den Umständen nach eine sachliche Nachprüfung nicht für geboten hält. Im anderen Falle ist diese Stelle nicht bloß berechtigt, in eine solche Untersuchung einzutreten, sondern trotz nicht abgelaufener Sperrfrist dazu verpflichtet. Im vorliegenden Falle kam dazu, daß die vorläufige Fürsorgeerziehung schon erhebliche Zeit vor Eintritt der Rechtskraft des endgültigen Beschlusses eingeleitet worden war. (IV, 10. September 1941.) Amtl. Sammlg. S. 17—22.

3. **Preisstop. Rückwirkung. Preisschwankungsklausel. Richtzahl.** (PreisStopVO. § 1.) Eine Aktiengesellschaft kaufte im Jahr 1935 ein Braunkohlenbergwerk zum Preis von 828 450 *RM*. Von dem Kaufpreis sollten 100 000 *RM* sofort, 28 450 *RM* zwei Monate später und der Rest von 700 000 *RM* in Jahresbeträgen von je 100 000 *RM*, fällig am zweiten Tag jeden Jahres, beginnend vom 2. Januar 1936 an, bezahlt werden. Bei der Bemessung des Kaufpreises gingen beide Teile davon aus, daß beim Abschluß des Vertrags der Großhandelsindex des Statistischen Reichsamts 100% betrug; sofern bei Fälligkeit einer Teilzahlung diese Zahl eine 5% übersteigende Änderung

nach oben oder unten aufweisen würde, sollte sich die Teilzahlung in demselben Verhältnis erhöhen oder ermäßigen. Am 2. Januar 1939 betrug die Richtzahl 106,5%, am 2. Januar 1940 108,2%. Die Verkäuferin verlangte entsprechende Erhöhung der an diesen Tagen fälligen Teilzahlungen um 5500 und 7200 *RM*. Die Käuferin verweigerte diese Mehrzahlung mit der Begründung, daß der Forderung der Verkäuferin die Preisstopverordnung vom 26. November 1936 entgegenstehe. Das Berufungsgericht wies die Klage ab. Die Revision der Klägerin hatte keinen Erfolg. § 1 PreisStopVO. verbietet rückwirkend vom 18. Oktober 1936 ab Preiserhöhungen für Güter und Leistungen aller Art; von der Rückwirkung bleiben nur Verträge unberührt, die von beiden Teilen erfüllt worden sind. Die Verordnung trat am 1. Dezember 1936 in Kraft. Aus der zeitlichen Beschränkung der Rückwirkung folgt nicht, daß die Verordnung nicht auch in solche Verträge eingreifen könnte, die vor dem 18. Oktober 1936 geschlossen worden sind. Das würde nur dann der Fall sein, wenn unter den verbotenen Preiserhöhungen nur der Abschluß von Verträgen zu verstehen wäre, in denen ein höherer als der am Stichtag maßgebende Preis ausbedungen wird. Im vorliegenden Falle war der Vertrag, aus dem der Anspruch hergeleitet wurde, zwar schon vor dem 18. Oktober 1936 geschlossen und seitdem inhaltlich nicht mehr verändert worden; aber die Höhe der einzelnen Teilzahlungen, deren Fälligkeit über den 18. Oktober 1936 hinausgriff, war von der bei der Fälligkeit festgelegten Großhandelsrichtzahl abhängig gemacht. Danach kam zwar keine Preiserhöhung im Sinne einer nachträglich vereinbarten Änderung des Vertrags in Betracht, aber doch eine Preiserhöhung in dem Sinne, daß nach dem Inhalt des Vertrags beim Ansteigen der Großhandelsrichtzahl ein höherer Betrag zu zahlen war, als der ursprünglichen Vereinbarung entsprach. Die Preiserhöhung war also von dem Eintritt einer aufschiebenden Bedingung abhängig. Daraus, daß die vor dem 18. Oktober 1936 getroffenen Preisvereinbarungen, in denen ein fester Preis bedungen ist, von der Rückwirkung grundsätzlich unberührt bleiben, folgt noch nicht, daß das auch gilt, wenn nicht ein fester, sondern ein von der jeweiligen Wirtschaftslage abhängiger, also schwankender Preis vereinbart worden ist. Mit dem Wortlaut der Verordnung ist es durchaus vereinbar, auch in einem Falle der vorliegenden Art von einer Preiserhöhung zu sprechen, die erst nach dem Stichtag eintritt. Eine solche Auslegung ist auch nach dem Zweck der Verordnung geboten. Der Zweck ist, den am Stichtag bestehenden Preisstand aufrecht zu erhalten und so die Kaufkraft des Arbeitslohnes der breiten Schichten des Volkes weitgehend zu sichern. Eine Vereinbarung schwankender Preise von der Verordnung auszunehmen, falls sie vor dem Stichtag getroffen worden ist, erscheint wirtschaftlich nicht gerechtfertigt; derartige Vereinbarungen gefährden die Stetigkeit der Preise in keinem geringeren Maß als Preisvereinbarungen, die erst durch eine Verschlechterung der wirtschaftlichen Verhältnisse veranlaßt worden sind. In einem Erlaß des Reichskommissars für Preisbildung (37/40) ist ausdrücklich gesagt, daß das Preiserhöhungsverbot nicht durch Preisvorbehalte umgangen werden darf und daß es nicht zulässig ist, zu vereinbaren, daß etwaige spätere Preiserhöhungen bestehende Verpflichtungen abändern. Die Revision vertrat die Auffassung, die Streitfrage müsse für den gegebenen Fall schon deswegen anders entschieden werden, weil die Höhe der Teilzahlungen von der Großhandelsrichtzahl abhängig gemacht sei; diese sei das Spiegelbild der unter Überwachung des Preiskommissars stehenden Preisbildung, so daß die hienach gebildeten Preise keine verbotene Preiserhöhung darstellen könnten. Diese Erwägungen konnten schon deshalb nicht stichhaltig sein, weil die Großhandelsrichtzahl nicht allein von den der maßgebenden Beeinflussung des Reichskommissars für die Preisbildung unterliegenden Preise des Inlandsmarktes abhängt, sondern auch durch die Möglichkeiten des Auslandshandels bedingt ist. Zudem handelte es sich im vorliegenden Fall um den Kaufpreis für ein wirtschaftliches Unternehmen, der nicht etwa schon seiner Natur nach von der Großhandelsrichtzahl abhängig war, sondern erst durch die Vertragschließenden davon abhängig gemacht wurde; die Richtzahl war also nichts anderes, als ein von den Parteien beliebig gewählter Maßstab für die Erhöhung oder Herabsetzung des Preises im Verhältnis zu dem ursprünglich vereinbarten festen Reichsmarkpreis. Es machte auch nichts aus, daß möglicherweise infolge Senkung der Großhandelsrichtzahl eine Preiserhöhung wieder ausgeglichen werden konnte; die schädliche Wirkung der Erhöhung auf das Wirtschaftsleben, die durch das Erhöhungsverbot verhindert werden sollte, würde dadurch nicht beseitigt. (II, 27. Oktober 1941.)

Amtl. Sammlg. S. 22—34.

4. **Pflichtteil.** (BGB. §§ 2335, 2336.). In einem Testament entzog der Erblasser seiner Ehefrau den Pflichtteil mit der Begründung, sie habe gegen ihn Scheidungsklage erhoben, er habe dagegen Widerklage eingebracht hauptsächlich wegen ihrer unwahren Behauptung, er habe mit seiner Mutter Blutschande getrieben; im Urteil des ersten Rechtszugs sei sie allein für schuldig erklärt worden. Beim Tode des Erblassers war das Scheidungsverfahren im zweiten Rechtszug anhängig. Es wurde im Kostenpunkt zu Ende geführt mit dem Ergebnis, daß Klage und Widerklage für unbegründet erachtet wurden. Die Klage der Frau gegen die Eltern des Erblassers, die er als Erben eingesetzt hatte, auf Feststellung der Unwirksamkeit der Pflichtteilsentziehung wurde in zwei Rechtszügen abgewiesen. Das Reichsgericht verwies die Sache zurück. Das Berufungsgericht hätte vor allem prüfen sollen, welcher Scheidungsgrund als Entziehungsgrund anzusehen war. Das erforderte zunächst eine Auslegung des Testaments. Diese war Sache des Tatrichters. Ergab die Auslegung, daß der Erblasser alle mit seiner Scheidungswiderklage gegen seine Ehefrau geltend gemachten Scheidungsgründe als Entziehungsgründe hatte anführen wollen, so konnte das Erfordernis der Angabe des Entziehungsgrundes im Testament um deswillen noch als erfüllt angesehen werden, weil die Klage schon anhängig und sonach ohne Schwierigkeit festzustellen war, auf welche Gründe der Erblasser die Entziehung des Pflichtteils stützte. Der Berufungsrichter hatte sich dann selbständig und vollständig an die Stelle des Scheidungsrichters zu versetzen, mit der Maßgabe allerdings, daß die Beweislast gemäß § 2336 BGB. den Beklagten oblag und daß als maßgebender Zeitpunkt für die Berechtigung des Scheidungsbegehrens der Tag der letztwilligen Verfügung so zu berücksichtigen war, als wäre er der Tag der letzten mündlichen Verhandlung im Scheidungsstreit gewesen; sonst aber war das für die Scheidung geltende Recht uneingeschränkt anzuwenden.

Es war also zu prüfen, ob die Gründe, auf die der Erblasser die Entziehung stützte, zur Scheidung der Ehe aus dem Verschulden der Ehefrau ausgereicht hätten; dabei würde es keine Rolle spielen, ob aus Gründen, die dem Erblasser zur Last fielen, die Scheidung auch aus seinem Verschulden hätte angesprochen werden müssen. (VII, 4. November 1941.) Amtl. Sammlg. S. 34--37.

5. **Ehescheidung. Widerspruch.** (EheG. § 55.) Gegen die auf § 55 EheG. gestützte Scheidungsklage des Ehemanns erhob die Ehefrau Widerspruch mit der Begründung, daß der Kläger Ehebruch begangen und außerdem sie mit einer Geschlechtskrankheit angesteckt habe, in deren Folge sie unfruchtbar geworden sei. Die Klage drang durch. Das Berufungsgericht hatte festgestellt, daß die Ehe unheilbar zerrüttet sei und daß den Kläger daran die Schuld treffe. Dem Widerspruch der Beklagten hatte das Berufungsgericht die Beachtung versagt, weil es die Beseitigung der zerstörten Ehe im allgemeinen Interesse, auch im Interesse der Beklagten, für geboten erachtete. Die Beklagte war 1910 geboren, also noch jung, auch voll arbeitsfähig; der Kläger hatte ihr die Zahlung einer Monatsrente von 120 *RM* zugesagt. Kinder waren aus der Ehe nicht vorhanden. Für die Beklagte bestand also nach der Feststellung des Berufungsgerichts kein Grund, um ihre Lebensstellung zu bangen. Für die Aufrechterhaltung der Ehe sprach auch nicht, daß die Beklagte durch die Schuld des Klägers unfruchtbar geworden war. Ihr wirtschaftliches Fortkommen wurde dadurch nicht berührt. Die sonstigen schweren Schäden, die Versagung des Mutterglücks für alle Zukunft, vielleicht sogar neuen Eheglücks, konnten durch Aufrechterhaltung der zerstörten Ehe nicht gemildert werden. Es hatte also keinen Sinn, um dieser Folgen willen die Ehe aufrecht zu erhalten angesichts der schweren Schäden, die zerbrochene, in ihrem rechtlichen Bestande nicht beseitigte Ehen für die Volksgemeinschaft, oft auch für die Betroffenen selbst, mit sich bringen. (IV, 5. November 1941.)

Amtl. Sammlg. S. 38—39.

6. **Pflichtteil. Unsittlicher Lebenswandel.** (BGB. §§ 2333, 2336.) Die Entziehung des Pflichtteils war im Testament des Erblassers damit begründet, daß die Berechtigte, seine einzige Tochter, ihre kranke Mutter (seine

von ihm wegen Geisteskrankheit geschiedene erste Frau) nicht unterstützt, seine zweite Frau geschmäht, ihn und seine zweite Frau auch durch Ehebruch mit nachfolgendem Falscheid betrogen und beschimpft und überhaupt einen unsittlichen Lebenswandel geführt habe. Die Klage auf Feststellung des Pflichtteilsanspruchs drang in allen Rechtszügen durch. Der Grund der Entziehung muß zur Zeit der Testamentserrichtung bestanden haben und in diesem angegeben sein. Vorfälle, die nach der Errichtung des Testaments sich zugetragen hatten, können nicht berücksichtigt werden. Die unterlassene Unterstützung der Mutter der Klägerin mußte außer Betracht bleiben, da nur die Verletzung der Unterhaltspflicht gegenüber dem Erblasser zur Entziehung des Pflichtteils berechtigt. Die Klägerin hatte längere Zeit Beziehungen zu ihrem späteren Ehemann unterhalten und in dessen Scheidungsstreit einen Ehebruch auf Eid in Abrede gestellt; wenn sie damit einen Meineid begangen haben sollte, genügte das nicht als Grund für die Entziehung des Pflichtteils, weil das Verbrechen nicht gegenüber dem Erblasser und seiner zweiten Frau begangen war. In der Schmähung der zweiten Frau des Erblassers war kein schweres vorsätzliches Vergehen gefunden worden. Auch hinsichtlich des Vorwurfs ehrlosen und unsittlichen Lebenswandels war die Prüfung auf den Tatbestand zu beschränken, der zur Zeit der Testamentserrichtung abgeschlossen vorlag; eine Einbeziehung nachträglich begangener Verfehlungen verbot sich schon deshalb, weil in keiner Weise ermessen werden konnte, aus welchen Gründen der Erblasser es unterlassen hatte, seine letztwillige Verfügung nachträglich entsprechend zu ergänzen. Das muß in besonderem Maße dann gelten, wenn sich der Abkömmling zur Zeit des Erbfalls von dem ehrlosen oder unsittlichen Lebenswandel dauernd abgewendet und dadurch die Entziehung des Pflichtteils unwirksam gemacht hat. Das traf hier zu, da die Klägerin nach der Eheschließung mit ihrem früheren Geliebten, die bald nach der Errichtung des Testaments stattfand, sich vollkommen einwandfrei verhalten hatte. (VII, 11. November 1941.) Amtl. Sammlg. S. 39—44.

7. **Raumpacht. Kündigungsschutz.** (3. VO. über Kündigungsschutz vom 5. September 1939.) Ein Sägereibetrieb nebst Holzhandel wurde im Jahr 1937 auf 5 Jahre

verpachtet. Im Jahr 1941 kündigte der Verpächter den Vertrag, weil der Pächter die am 1. Dezember 1940 fällige Pacht nicht bezahlt habe. In den unteren Rechtszügen wurde seine Klage auf Räumung des Sägereibetriebs und Aufhebung des Pachtvertrags abgewiesen, indem das zögerliche Verhalten des Beklagten für entschuldbar erklärt wurde. Die Revision des Klägers wurde darauf gestützt, daß keine Raumpacht vorliege, da der verpachtete Betrieb als die Hauptsache das wirtschaftliche Übergewicht habe. Sie hatte keinen Erfolg. Nach der Verordnung vom 5. September 1939 ist das Mieterschutzgesetz entsprechend anwendbar auf Pachtverhältnisse über Räume. Ob ein Pachtverhältnis dieser Art vorliegt, kann zweifelhaft sein in Fällen, in denen die Verpachtung sich nicht nur auf Räume bezieht, sondern auf anderes miterstreckt, namentlich Grundstücksflächen und gewerbliche Unternehmungen. Solche gemischte Verpachtungen können nur einheitlich behandelt werden. Daraus und aus der Absicht des Gesetzgebers, den Pächtern von Räumen weitgehenden Schutz zu gewähren, ist zu folgern, daß in solchen Mischverhältnissen der Schutz stets eintreten muß, es sei denn, daß ausnahmsweise die Überlassung der Räume hinter der pachtweisen Überlassung der übrigen Gegenstände des Vertrags völlig zurücktritt und demgegenüber ganz nebensächlich ist. Die Sägehalle, das Maschinenhaus, Wohnhaus und der Lagerschuppen waren im vorliegenden Falle sehr wesentliche Teile des Vertrags. (V, 13. November 1941.) Amtl. Sammlg. S. 44—47.

Vgl. Bd. 138 S. 202

8. **Unfall. Ursächlicher Zusammenhang. Beweislast.** (ZPO. § 287.) Auf einer vereisten Straße kam ein Kraftwagen ins Rutschen und stieß an einen Baum. Der Führer schob ihn an den Straßenrand; von dort sollte er abgeschleppt werden. Einige Zeit später fuhr ein Omnibus der Reichspost auf der Straße in derselben Richtung; bei dem Versuch, an dem Kraftwagen vorbeizukommen, geriet er ebenfalls ins Rutschen und schob den Kraftwagen gegen eine Mauer. Der Eigentümer des Kraftwagens behauptete, dieser sei ursprünglich nur wenig beschädigt gewesen, durch den Zusammenstoß mit dem Omnibus aber völlig unbrauchbar geworden, so daß er nur noch als Schrott verkauft werden konnte. Das Berufungsgericht

wies die Klage auf Schadenersatz ab, weil der Kläger nicht bewiesen habe, daß der von ihm behauptete Schaden lediglich oder wenigstens in erheblichem Maß durch den Anstoß des Omnibus verursacht worden sei. Das Reichsgericht verwies die Sache zurück. § 287 ZPO. will dem Geschädigten den Nachweis seines Schadens erleichtern, indem an die Stelle der sonst erforderlichen Einzelbegründung das freie Ermessen des Gerichts gesetzt wird. Das gilt auch für die Frage des ursächlichen Zusammenhangs zwischen Unfall und Schaden. Dieser freieren Stellung war sich das Berufungsgericht nicht bewußt gewesen. Es hätte darüber, ob und in welchem Umfang die Beschädigung des Wagens auf den Anstoß des Postwagens zurückzuführen war und wie hoch sich der dadurch verursachte Schaden belief, unter Würdigung aller Umstände ohne Abhängigkeit von einer Beweislast nach freier Überzeugung entscheiden müssen. (VI, 13. November 1941.)

Amtl. Sammlg. S. 47—49.

Vgl. Bd. 148 S. 68; Bd. 155 S. 37; Bd. 159 S. 257.

9. **Ehescheidung. Ausländer.** (EheG. § 55; EGzBGB. Art. 27; ZPO. § 606.) Im Jahr 1913 schloß ein in Deutschland ansässiger Norweger die Ehe mit einer Deutschen; diese erlangte dadurch die norwegische Staatsangehörigkeit. Aus der Ehe gingen drei in den Jahren 1914, 1920, 1922 geborene Kinder hervor. Der Ehemann ließ sich mehrere Ehebrüche zuschulden kommen; seit dem Jahr 1935 unterhielt er ein ständiges ehebrecherisches Verhältnis. Im Jahr 1937 trennte er sich von seiner Frau. Er klagte auf Scheidung gemäß § 55 EheG. Die Klage wurde in allen Rechtszügen abgewiesen. Die Klage konnte vor einem deutschen Gericht erhoben werden, da Norwegen für die Scheidung seiner Staatsangehörigen keine ausschließliche Zuständigkeit in Anspruch nimmt, vielmehr die von einem zuständigen ausländischen Gericht erlassenen Scheidungsurteile anerkennt. Die örtliche Zuständigkeit des angerufenen Gerichts war sowohl nach deutschem als nach norwegischem Recht gegeben, da im Bezirk dieses Gerichts der letzte gemeinschaftliche Wohnsitz der Ehegatten belegen war und der Kläger bei diesem Gericht seinen allgemeinen Gerichtsstand hatte. Für die Entscheidung waren die deutschen Gesetze maßgebend, weil die Parteien ihren ständigen Wohnsitz in Deutschland hatten und das

norwegische Recht für diesen Fall auf das deutsche Recht zurückverweist. Daß die Voraussetzungen des § 55 EheG. vorlagen, hatte das Berufungsgericht einwandfrei festgestellt. Die Zerrüttung der Ehe hatte nach der Annahme des Berufungsgerichts der Kläger ganz überwiegend verschuldet, insbesondere durch das ehebrecherische Verhältnis, das er seit dem Jahr 1935 unterhielt. Die dem Schutz völkischer Belange dienenden Grundsätze des § 55 EheG. sind auch auf die Ehe von Ausländern anzuwenden, wenn diese in Deutschland ihren Wohnsitz haben. Das Berufungsgericht hatte mit Recht den Widerspruch der beklagten Frau auf seine Beachtlichkeit nach denselben Grundsätzen geprüft, die für deutsche Ehegatten gelten, und hatte besondere Umstände als gegeben angesehen, welche die Aufrechterhaltung der Ehe trotz ihrer unheilbaren Zerrüttung sittlich gerechtfertigt erscheinen ließen. Die Frau war 51 Jahre alt und krank, also nicht mehr imstande, sich selbst ihren Unterhalt zu verdienen; ihr Unterhalt war gefährdet, wenn der Kläger, wie er vorhatte, eine neue Ehe einging. Seine Verhältnisse waren allerdings derzeit so, daß er mühelos die Beklagte wie auch eine zweite Frau unterhalten konnte; diese Verhältnisse konnten sich aber ändern, insbesondere ließ sich die Entwicklung nach dem Krieg nicht übersehen. Die Beklagte hatte während der Ehe ihre Pflicht dem Manne und den Kindern gegenüber erfüllt; sie hatte viel Unrecht verwinden müssen. Wenn der Kläger seine langjährige Lebensgefährtin beiseite schieben wollte, weil er sich einer jüngeren, reizvolleren Frau zugewandt hatte, widersprach das jedem sittlichen Empfinden und war unvereinbar mit den Belangen der Volksgemeinschaft; denn die Ehe soll ein Band fürs Leben sein. Die Belange der Volksgemeinschaft verlangen gebieterisch, daß die Auffassung von dem Ernst der Ehe und den mit ihr übernommenen Pflichten im Volk erhalten bleibe. Für die Lösung der Ehe hatte der Kläger im wesentlichen nur vorbringen können, daß die Ehe nun einmal zerbrochen sei und daß es an seiner Schaffenskraft zehre, wenn er an dieser Fessel festgehalten und an der Formung eines neuen Lebens verhindert werde. Das Reichsgericht verkannte nicht, daß dieses Vorbringen ernst zu nehmen war, erklärte aber, daß es nicht genüge, um entscheidend in die Waagschale zu fallen. Nachdem die Beklagte ihre guten Jahre dem Kläger geopfert hatte, in der Ehe krank geworden war und beide Parteien die Höhe des Lebens schon überschritten hatten, hatte der Kläger seine Neigung einer jüngeren Frau zugewandt und ihretwegen die Beklagte verlassen; die Aufrechterhaltung der Ehe rechtfertigte sich unter solchen Umständen durch das dem sittlichen Empfinden entsprechende Gebot der Rücksichtnahme auf die nach einwandfreier Erfüllung ihrer ehelichen und mütterlichen Pflichten in der Ehe alt und krank gewordene Beklagte. Daß die Befreiung des Klägers von dem inhaltlos gewordenen Eheband für seine Schaffenskraft erwünscht wäre, hatte das Berufungsgericht nicht verkannt; es lag aber auf dem Gebiete der dem Tatrichter zustehenden Beurteilung, wenn es diesen Gesichtspunkt gegenüber den für die Aufrechterhaltung der Ehe sprechenden Umständen hatte zurücktreten lassen. (IV, 15. November 1941.) Amtl. Sammlg. S. 50—55.

10. **Verjährung. Feststellungsanspruch.** (BGB. §§ 211, 212, 852; KraftfahrzG. § 14; ZPO. § 271.) Wegen eines im Jahr 1935 durch den Zusammenstoß mit einem Kraftwagen der Reichspost erlittenen Unfalls wurde Klage auf Schadenersatz, und zwar sowohl auf Zahlung einer Entschädigungssumme wie auch auf Feststellung der Verpflichtung der Reichspost zur Ersatzleistung für weiteren Schaden erhoben. Durch ein Urteil des Berufungsgerichts vom 14. Juli 1937 wurde der Leistungsanspruch dem Grunde nach zu $^4/_5$ als gerechtfertigt anerkannt; über den Feststellungsanspruch wurde nicht entschieden. Im Betragsverfahren wiederholte der Kläger seine früheren Anträge, kam aber auf den Feststellungsantrag nicht mehr zurück. Das Urteil entsprach im wesentlichen dem Leistungsanspruch des Klägers. In einem neuen Verfahren klagte er auf Zahlung einer Rente. In zwei Rechtszügen wurde die Klage wegen Verjährung abgewiesen. Die Revision des Klägers führte zur Zurückverweisung der Sache. Die Entscheidung hing davon ab, ob der Kläger in dem früheren Verfahren seinen Feststellungsantrag zurückgenommen hatte. Die Untergerichte hatten das übereinstimmend angenommen; da es sich aber um die Auslegung des Verhaltens des Klägers in dem früheren Verfahren handelte, war das Reichsgericht an die Auffassung nicht gebunden. Die Führung des Rechtsstreits durch den Kläger zwang

nicht zu der Annahme der Untergerichte; sie ließ sich auch dahin deuten, daß der Antrag vorläufig nicht weiter behandelt werden solle. Das Reichsgericht hat schon wiederholt ausgesprochen, daß im Zweifel ein Verzicht nicht angenommen werden dürfe. Es war kein verständlicher Grund ersichtlich, weshalb der Kläger auf die beantragte Feststellung verzichtet haben sollte; die Verletzung, die er aus dem Unfall davongetragen hatte, war so, daß er mit dauernden Nachteilen rechnen mußte. Es war auch nicht zu erklären, weshalb die Reichspost, wenn der Kläger auf diesen Antrag verzichtet hätte, nicht die einem solchen Verzicht entsprechenden Anträge zur Sache gestellt hätte. Demgemäß war von dem Tage an, da der Antrag zum letztenmal gestellt worden war, die Verjährungsfrist neu zu rechnen; sie war hienach, soweit die Frist nach § 852 BGB. zu berechnen war, noch nicht abgelaufen. (VI, 18. November 1941.) Amtl. Sammlg. S. 56—61. Vgl. Bd. 66 S. 12; Bd. 75 S. 286; Bd. 86 S. 380; 134 S. 132; JW. 1930 S. 3549; 1935 S. 2281.

11. **Erbkrankheit. Eheaufhebung.** (EheG. § 37.) Mit der Begründung, die Familie der Ehefrau sei mit erblicher Geisteskrankheit belastet, es sei also zu befürchten, daß auch die Frau selbst geisteskrank werde, wurde auf Aufhebung der Ehe geklagt. In zwei Rechtszügen drang die Klage durch. Das Reichsgericht wies sie ab. Das Berufungsgericht hatte festgestellt, daß in der Familie der Frau mehrere Fälle geistiger Erkrankung vorgekommen waren und daß auch die Mutter der Frau an einer solchen Krankheit litt; das Vorbringen des Klägers, daß er davon bei Eingehung der Ehe keine Kenntnis hatte, war nicht widerlegt worden. Nach einem Gutachten der Nervenklinik einer Universität war aber die Gefahr, daß diese Krankheit sich auch auf Nachkommen der Frau übertragen würde, so gering, daß daraus keine Bedenken gegen die Erzeugung von Nachkommenschaft abgeleitet werden konnten. Die Wahrscheinlichkeit, daß bei der Frau selbst die Krankheit in die Erscheinung treten würde, war allerdings größer als bei der Durchschnittsbevölkerung, aber dieser Wahrscheinlichkeitsgrad war rein begrifflich; für das Gesundbleiben der Frau sprach immerhin die höhere Wahrscheinlichkeit. Bei solcher Sachlage mußte

abgewartet werden, ob die Krankheit wirklich in die Erscheinung trat; in diesem Fall erwuchs dem gesunden Ehegatten ohne weiteres ein Aufhebungsgrund. (IV, 3. Dezember 1941.) Amtl. Sammlg. S. 61—64.
Vgl. Bd. 158 S. 268.

12. **Liefervertrag. Abwicklung. Unmöglichkeit. Vertragshilfe. Entschädigung. Aufrechnung. Firma.** (VO. über die Abwicklung von Lieferungsverträgen vom 20. April 1940 § 1.) Eine Großhandlung in Korsettzubehör ging nach Ausbürgerung ihres jüdischen Inhabers auf einen deutschen Kaufmann über. Dieser bezog, gleich seinem Vorgänger, seinen Bedarf an Gummiwaren bei einer Aktiengesellschaft, die sich in der Hauptsache mit der Anfertigung von medizinischen Verbänden befaßte, in einer ihrer Abteilungen aber auch Mieder herstellte. Beim Ausbruch des Krieges waren mehrere Lieferverträge, die in den Monaten März bis Mai 1939 abgeschlossen worden waren, noch nicht erfüllt. Im Oktober 1939 teilte die Aktiengesellschaft dem Kaufmann mit, sie sei durch die Entwicklung der Verhältnisse gezwungen, ihre Miederabteilung mit Wirkung vom 1. Oktober 1939 an bis auf weiteres stillzulegen und habe darum die auf diese Abteilung bezüglichen Aufträge gestrichen. Im Dezember 1939 klagte sie gegen den Kaufmann auf Zahlung von rund 2400 *RM*, die ihr dieser aus früheren Warenbezügen schuldete. Der Beklagte rechnete mit einer Schadenersatzforderung von rund 8000 *RM* für entgangenen Gewinn auf, weil die Erfüllung der noch laufenden Verträge ohne gerechtfertigten Grund abgelehnt worden sei; die Erfüllung sei keineswegs unmöglich, die Herstellung der hiefür erforderlichen Waren auch nicht verboten gewesen. Das Landgericht gab der Klage statt. Während des Berufungsverfahrens stellte der Beklagte Antrag auf Gewährung von Vertragshilfe nach der Verordnung vom 20. April 1940. Der Antrag hatte zur Folge, daß die nichterfüllten Lieferverträge ohne Entschädigung aufgehoben und die Kosten des Verfahrens dem Antragsteller auferlegt wurden. Seine sofortige Beschwerde hatte keinen Erfolg. Die Klägerin hatte in erster Reihe die Zulässigkeit des Vertragshilfeantrags bestritten mit der Begründung, daß die Erfüllung der Verträge durch eine Anordnung des Sonderbeauftragten für die Spinnstoffwirtschaft vom

20. Januar 1940 verboten und damit rechtlich unmöglich geworden sei. Dieser Auffassung war das Berufungsgericht nicht beigetreten; auch das Reichsgericht erkannte sie nicht als richtig an. Für ein Abwicklungsverfahren wäre allerdings kein Raum gewesen, wenn die Anordnung des Sonderbeauftragten für die Spinnstoffwirtschaft die vor dem Krieg abgeschlossenen Verträge endgültig zum Erlöschen gebracht hätte. Das war aber nicht der Fall. Die Klägerin war bis zum Erlaß dieser Anordnung in der Lage, die Verträge wenigstens teilweise zu erfüllen. Ob die durch den Krieg begründeten Leistungsschwierigkeiten wegen ihrer mutmaßlichen Dauer und ihrer Unüberwindlichkeit einer tatsächlichen Unmöglichkeit gleichzuwerten waren und deshalb die Klägerin von ihrer Verpflichtung befreiten oder doch unter dem Gesichtspunkt einer rechtlichen Veränderung des Vertragsinhalts und einer sich daraus ergebenden Unzumutbarkeit der Leistung ein aus § 242 BGB. herzuleitendes Rücktrittsrecht der Klägerin begründeten, war eine Frage, zu deren Beantwortung es einer eingehenden Prüfung nicht nur der Bedeutung und Tragweite der kriegswirtschaftlichen Anordnungen bedurfte, sondern auch der betriebs- und allgemeinwirtschaftlichen Lage der beiden Parteien; diese Frage konnte nicht ohne eine zeitraubende und kostspielige Erörterung aller in Betracht kommenden Verhältnisse der Beteiligten geklärt werden. Auseinandersetzungen solcher Art zu vermeiden ist aber gerade der Zweck des durch die Verordnung vom 20. April 1940 geschaffenen Abwicklungsverfahrens. Es ist dazu bestimmt, alle Zweifel darüber, ob und wieweit die Erfüllung eines Liefervertrags wegen nachträglicher wirtschaftlicher oder rechtlicher Unmöglichkeit oder aus Gründen der Unzumutbarkeit verweigert werden könnte, durch die Zulassung einer von den strengen Beweiserfordernissen des ordentlichen Rechtsstreits befreiten, auf richterliches Ermessen abgestellten Regelung zu beseitigen, durch die den berechtigten Belangen der Beteiligten ebenso Rechnung getragen werden soll wie den Bedürfnissen der auf rasche Erledigung solcher Streitigkeiten angewiesenen Kriegswirtschaft. Dabei fällt nicht entscheidend ins Gewicht, daß nach der Verordnung ein Abwicklungsverfahren nur dann Platz greift, wenn die Durchführung eines Liefervertrags durch die Kriegs-

auswirkungen zeitweilig unmöglich geworden ist; der Hinweis auf die zeitliche Begrenzung der Leistungsstörung bringt lediglich zum Ausdruck, daß eine durch kriegswirtschaftliche Maßnahmen eintretende Erschwerung der Vertragserfüllung bei der beschränkten Dauer des Krieges naturgemäß nur vorübergehend sein kann, macht aber die Zulässigkeit des Verfahrens nicht von der Feststellung abhängig, daß der Schuldner nach den besonderen Umständen des Falls nur vorübergehend, nicht dauernd von der Leistung befreit sei. Auch die Anordnung des Sonderbeauftragten für die Spinnstoffwirtschaft hatte nicht zur Folge, daß die vertraglichen Beziehungen zwischen den Parteien als erloschen anzusehen waren. Es handelte sich um eine durch den Krieg bedingte Maßnahme, deren Wirkung und Tragweite nur nach den damit gegebenen Erfordernissen beurteilt werden konnte. Das Verbot besagt nichts anderes, als daß Handlungen der angeführten Art aus kriegswirtschaftlichen Gründen zu unterbleiben haben, soweit nicht Ausnahmen zugelassen sind oder zugelassen werden. Es konnte darauf ankommen, ob eine Befreiung von dem Lieferverbot zu erreichen war, ob der Beklagte Schritte in dieser Richtung hätte unternehmen müssen; darüber, wie die vertraglichen Beziehungen der Beteiligten zu regeln seien, enthielt die Anordnung nichts. Wenn der Beklagte im Rechtsstreit einen Anspruch auf Schadenersatz wegen Nichterfüllung erhoben hatte, bedeutete das keine Anerkennung, daß er Erfüllung nicht verlangen könne; nach der damaligen Gesetzeslage war das die einzige Grundlage, auf der er seinen Ersatzanspruch geltend machen konnte. Er war dadurch nicht gehindert, nach dem Erlaß der Verordnung vom 20. April 1940 den durch diese gebotenen Weg zu beschreiten, um unter dem Gesichtspunkt eines nach richterlichem Ermessen zu treffenden billigen Ausgleichs eine Entschädigung zu verlangen. Die im Abwicklungsverfahren ergehende Entscheidung hatte bindende Wirkung für den ordentlichen Rechtsstreit. Mit Recht war also das Vertragshilfeverfahren für zulässig erachtet worden. In der Sache selbst konnte der Beschwerde kein Erfolg zuteil werden. Gegen die Aufhebung der Verträge war keine weitere Einwendung erhoben worden; die Entscheidung gab auch insoweit keinen Anlaß zu Bedenken, als bei der nicht voraussehbaren

Dauer des Krieges und der Unübersehbarkeit der nach seiner Beendigung eintretenden Verhältnisse keiner der Parteien an einer Aufrechterhaltung der Verträge liegen konnte. Zu prüfen war also nur, ob das Berufungsgericht mit Recht von einer Entschädigung des Antragstellers abgesehen hatte. Das Verlangen einer solchen hatte der Beklagte damit begründet, daß sein Umsatz durch die Einstellung der Lieferungen außerordentlich zurückgegangen sei, während bei der Klägerin der Einstellung der Miederabteilung erhöhte Einnahmen aus der Verbandabteilung entsprochen hätten. Es lag aber nichts dafür vor, daß die Klägerin gerade nur infolge des Wegfalls der Miederabteilung imstande gewesen sei, den an sie gestellten höheren Anforderungen der Verbandabteilung gerecht zu werden, und es entspräche nicht der Billigkeit, wollte man sie eine von ihr erzielte, für die Kriegswirtschaft erwünschte und dringend gebotene Leistungssteigerung dadurch entgelten lassen, daß ihr eine Entschädigung zugunsten eines anderen Betriebs lediglich deshalb auferlegt würde, weil dieser nach der Art der von ihm vertriebenen Waren nicht an der Deckung eines erhöhten Kriegsbedarfs hatte teilnehmen können. Ohne Verschulden hatte die Klägerin davon ausgehen können, daß sie von Beginn des Krieges an Gummi nicht mehr zur Herstellung der vom Beklagten bestellten Waren verwenden durfte, ihre Vorräte vielmehr ausschließlich für Verbände zu verwenden hatte. Die Klägerin hatte sich darauf berufen, daß der Beklagte bei der Übernahme seines Geschäfts eine Entschädigungsforderung gegen sie nicht in Ansatz gebracht habe, daß also die Zubilligung einer Entschädigung zu einer ungerechtfertigten Bereicherung des Beklagten führen würde. Der Beklagte hatte dagegen eingewendet, die Entschädigung komme ihm nicht persönlich, sondern der Firma zu; da aber er allein Träger aller Rechte und Verbindlichkeiten der Firma war, konnte eine solche Unterscheidung nicht gemacht werden. Mit Recht hatte das Berufungsgericht bei der Prüfung der Entschädigungsfrage alle Umstände berücksichtigt, unter denen der Beklagte in den Besitz des Geschäfts gekommen war, und Wert darauf gelegt, daß bei der Festsetzung des Preises der Beeinträchtigung durch den Krieg schon Rechnung getragen worden war; die Zuerkennung einer Entschädigung hätte also für den Beklagten einen Vorteil bedeutet, dem eine Einbuße nicht mehr gegenübergestanden hätte. (II, 15. November 1941.)

Amtl. Sammlg. S. 65—81.
Vgl. Bd. 166 S. 276.

13. **Ruhegehalt. Strafurteil. Rückwirkung. Fortgesetzte Handlung.** (DBeamtG. §§ 53, 132, 181; StGB. § 2a.) Ein Volksschullehrer trat am 1. Oktober 1933 wegen Erreichung der Altersgrenze in den Ruhestand. Im Jahr 1939 wurde er wegen fortgesetzter Untreue und Betrug zu einer Gesamtstrafe von 1 Jahr und 2 Monaten Gefängnis verurteilt. Einige Einzelhandlungen der von ihm im Fortsetzungszusammenhang begangenen Untreue fielen noch in seine Dienstzeit. Die Einsatzstrafen betrugen 1 Jahr Gefängnis für die Untreue und je 6 Wochen Gefängnis für die beiden Betrugsfälle. Nach Rechtskraft des Urteils stellte der Regierungspräsident die Zahlung des Ruhegehalts mit sofortiger Wirkung ein; das teilte er dem Verurteilten am 2. Oktober 1939 mit. Der Sohn des Verurteilten wandte sich, um eine günstigere Regelung herbeizuführen, mit einer Eingabe unter Darlegung der Familienverhältnisse an den Minister. Am 2. Januar 1940 beschied der Regierungspräsident den Gesuchsteller dahin, daß nach der Entscheidung des Ministers der Ruhegehaltsanspruch erloschen und eine Milderung der strafrechtlichen Folge nur auf dem Wege der Gnade möglich sei. Auf eine weitere Eingabe wurde dem Verurteilten ein Unterhaltsbeitrag von 40% des gekürzten Ruhegehalts bewilligt; das wurde ihm durch den Regierungspräsidenten am 15. Oktober 1940 eröffnet. Mit einer im März 1941 erhobenen Klage wurde Feststellung verlangt, daß die Preußische Landesschulkasse verpflichtet sei, dem Kläger das volle Ruhegehalt zu zahlen. Sie hatte keinen Erfolg. Nach Lage der Sache war anzunehmen, daß der Sohn des Klägers mit seiner Eingabe in Vollmacht des Klägers gehandelt hatte; die ihm darauf mitgeteilte ablehnende Entscheidung des Ministers eröffnete den Klageweg, setzte aber, da sie nicht förmlich zugestellt worden war, die sechsmonatige Klageausschlußfrist nicht in Lauf. Der Verlust des Ruhegehalts war auf § 132 DBeamtG. gestützt. Dieses Gesetz war am 1. Juli 1937 in Kraft getreten; die Straftaten des Klägers lagen größtenteils vor diesem Zeitpunkt. Die strafrecht-

lichen Folgen einer Tat bestimmen sich nach dem zur Zeit der Begehung der Tat geltenden Recht. Für die beamtenrechtlichen Wirkungen von Strafurteilen gilt das nicht, vielmehr treten diese nach § 181 DBeamtG. ohne Rücksicht auf den Zeitpunkt der Tat ein. Immerhin ist dieser Zeitpunkt nicht ohne rechtliche Bedeutung. Ist gegen einen Ruhestandsbeamten wegen einer vor Eintritt in den Ruhestand begangenen Tat auf Strafe erkannt worden, so treten die beamtenrechtlichen Wirkungen mit der Rechtskraft des Urteils stets dann ein, wenn die Verurteilung das Ausscheiden eines noch im Dienst befindlichen Beamten aus dem Beamtenverhältnis zur Folge gehabt hätte; lautet die Strafe auf Gefängnis, so ist das der Fall, wenn die Verurteilung wegen einer vorsätzlich begangenen Tat geschehen ist und entweder die Tat eine hochverräterische oder landesverräterische Handlung bildet oder die erkannte Gefängnisstrafe mindestens ein Jahr beträgt. Ist dagegen der Ruhestandsbeamte wegen einer nach dem Eintritt in den Ruhestand begangenen Straftat verurteilt worden, so treten die beamtenrechtlichen Wirkungen bei Verurteilung zu Gefängnisstrafe nur dann ein, wenn die abgeurteilte Tat eine vorsätzliche hoch- oder landesverräterische Handlung ist. Die gegen den Kläger wegen fortgesetzter Untreue ausgesprochene Gefängnisstrafe erreichte die erforderliche Mindestdauer; die Straftat war aber erst nach dem Eintritt des Klägers in den Ruhestand vollendet worden. Ob mit Recht eine fortgesetzte Handlung angenommen worden war, konnte nicht nachgeprüft werden, da nicht die Straftat selbst, sondern die rechtskräftige Verurteilung die beamtenrechtlichen Folgen auslöst. Für die Feststellung, ob die Handlung vor oder nach Eintritt des Klägers in den Ruhestand begangen worden war, ging es aber nicht an, die Zeit, über die sich die Begehung der Tat erstreckte, zu teilen. Als maßgebend konnte nur der Beginn der Ausführung in Betracht kommen, weil der auf die Straftat gerichtete Vorsatz, bei einer fortgesetzten Straftat also der Gesamtvorsatz, des Täters schon in diesem Zeitpunkt vorhanden war und wirksam wurde. Der Täter hatte also schon vor Eintritt in den Ruhestand durch die Tat eine Gesinnung geoffenbart, die ihn als unwürdig für das Verbleiben im Beamtenstande kennzeichnete. Ihn allein aus dem Grunde, daß er die

Tat nach Eintritt in den Ruhestand fortsetzte, im Bezug des Ruhegehalts zu belassen, würde dem Sinne und der Absicht des Gesetzes nicht entsprechen. Vielmehr ist die Bewahrung des Ruhestandsbeamten vor den beamtenrechtlichen Folgen nur dann gerechtfertigt, wenn er die Ausführung der mit mindestens einem Jahr Gefängnis bestraften vorsätzlichen Tat erst während des Ruhestandes begonnen und daher eine beamtenunwürdige Gesinnung erst zu einer Zeit gezeigt hat, in der das ihn mit dem öffentlichen Dienstherrn verbindende Treueverhältnis nur noch in stark abgeschwächtem Maße fortwirkte. (III, 21. November 1941.) Amtl. Sammlg. S. 81—86. Vgl. Bd. 164 S. 72.

14. **Ursächlicher Zusammenhang. Mitverschulden.** (BGB. §§ 249, 254, 823.) Durch einen Personenkraftwagen, den sein Eigentümer selbst lenkte, wurde ein Gaskandelaber umgestoßen; das Gas entzündete sich, drang in einen dicht daneben gelegenen Kabelschacht der Deutschen Reichspost ein und erregte darin einen Brand, der die Kabel beschädigte. Die Klage der Reichspost auf Schadenersatz drang in den unteren Rechtszügen zum Teil durch. Das Reichsgericht verwies auf die Revision der Klägerin die Sache zurück. Daß der Beklagte das Abbrechen des Gaskandelabers verschuldet hatte, stand außer Streit; das Berufungsgericht hatte aber den ursächlichen Zusammenhang zwischen diesem Ereignis und der Beschädigung der Kabel verneint, weil es annahm, daß diese auf die fehlerhafte Anlage des Kabelschachtes zurückzuführen sei. Der Schacht, der schon vor der Aufstellung des Kandelabers vorhanden war, wurde im Jahre 1927 erweitert; hiebei geriet die Stirnwand so nahe an den Kandelaber, daß dessen Fuß dicht neben dem Mauerwerk lag. Als der Kandelaber durch den Kraftwagen des Beklagten umgerissen wurde, stieß der Fuß des Kandelabers gegen die Stirnwand des Schachtes, so daß darin ein starker Mauerriß entstand; durch diesen drang das Gas in den Schacht. Nach der Auffassung des Berufungsgerichts wäre es geboten gewesen, bei der Erweiterung des Schachtes Rücksicht auf die Gefahren zu nehmen, die durch den Straßenverkehr entstehen konnten. Das Reichsgericht erklärte hiezu, daß alles das nicht ausreiche, um den ursächlichen Zusammenhang des Schadens mit dem vom

Beklagten verschuldeten Umstoßen des Kandelabers zu verneinen. Dazu hätte festgestellt werden müssen, daß eine allgemein bekannte Übung, unterirdische Anlagen unter Straßenzügen durch Einhaltung zweckmäßiger Abstände von anderen Anlagen zu schützen, so ausnahmslos oder nahezu ausnahmslos befolgt werde, daß mit einer gelegentlichen Abweichung niemand rechnen konnte. Das hatte das Berufungsgericht nicht festgestellt und konnte es nicht feststellen, weil es der allgemeinen Erfahrung widersprochen hätte, daß Fehler aus Mangel an Vorsicht auf jedem Gebiete vorkommen. Für die Annahme eines Mitverschuldens der Klägerin reichten die Feststellungen des Berufungsgerichts aus. Die Gaswerke hatten allerdings der Klägerin auf eine Anfrage mitgeteilt, ihrerseits beständen wegen der Lage des Kabelschachtes zum Kandelaber keine Bedenken. Es war aber nicht Sache der Gaswerke, zu beurteilen, wie die Klägerin eigenen Schaden hätte vermeiden können und sollen. Die Behauptung der Klägerin, sie habe von den häufigen Kandelaberbeschädigungen durch Kraftwagen keine Kenntnis erhalten, kam schon darum nicht in Betracht, weil solche Vorfälle ihren maßgeblichen Organen nicht hätten entgehen dürfen. Wie die von der Klägerin selbst verschuldete Verursachung zu bewerten war und welchen Teil des Schadens sie zu tragen hatte, blieb der Prüfung des Berufungsgerichts überlassen. (VI, 25. November 1941.)
Amtl. Sammlg. S. 86—91.

15. **Grundstückskauf. Preisüberwachung.** (ÖstABGB. § 879; BGB. § 134; PreisbildG. vom 29. Oktober 1936 §§ 1, 2, 6.) Eine landwirtschaftliche Genossenschaft in Österreich erwarb im März 1939 ein Grundstück um den Preis von 5.50 *RM* für den Quadratmeter. Von dem Kaufpreis wurden 25 000 *RM* alsbald bezahlt; der Rest wurde bis zum 1. Juni 1939 gestundet. Durch Bescheid der Preisüberwachungsstelle wurde der vereinbarte Kaufpreis beanstandet und auf 2.50 *RM* für den Quadratmeter herabgesetzt; gleichzeitig wurde angeordnet, daß ein Rücktrittsrecht nicht gegeben sei. Die Beschwerde des Verkäufers wurde abgewiesen. Die Käuferin klagte auf Verurteilung des Verkäufers zur Aufrichtung eines der Anordnung der Preisüberwachungsstelle entsprechenden Kaufvertrags und zur grundbücherlichen Übertragung des

Eigentums auf sie. In zwei Rechtszügen drang die Klage durch. Das Reichsgericht wies sie ab. Nach dem Preisbildungsgesetz vom 29. Oktober 1936, in der Ostmark eingeführt durch die Verordnung vom 27. März 1938, war die Preisüberwachungsstelle befugt, den zwischen den Parteien vereinbarten Kaufpreis zu beanstanden und herabzusetzen; diese Preisfestsetzung war für die Gerichte bindend. Das Berufungsgericht hatte hienach angenommen, daß der Kaufvertrag zu dem herabgesetzten Preise bestehen bleibe; es hatte für diese Auffassung auch angeführt, daß es sich um ein Baugrundstück handle, das seiner Natur nach zur Veräußerung bestimmt sei, und daß an der Aufrechterhaltung des Geschäfts ein öffentliches Interesse bestehe, weil die Käuferin das Grundstück für die Errichtung eines landwirtschaftlichen Lagerhauses benötige. Die Revision bestritt, daß die Preisüberwachungsstelle zur Herabsetzung des Preises zuständig gewesen sei, weil die Verordnung zur Sicherung der Preisüberwachung bei Grundstücken in der Ostmark erst durch die Verordnung vom 17. September 1940 eingeführt wurde. Das Reichsgericht erklärte die Schlußfolgerung, daß bis dahin in der Ostmark Kaufgeschäfte über Grundstücke keiner Nachprüfung durch die Preisbehörden unterworfen gewesen seien, für unbegründet. Das Preisbildungsgesetz gilt für Güter und Leistungen aller Art; daß unter Gütern auch Grundstücke zu verstehen sind, wird heute, nach anfänglicher Unsicherheit, von keiner Seite mehr bezweifelt. Dieses Recht trat in der Ostmark schon mit der Verordnung vom 27. März 1938 in Kraft; die Verordnung vom 17. September 1940 bezweckte nur die technische Sicherstellung der Preisüberwachung. Die bürgerlich-rechtlichen Wirkungen der Herabsetzung eines Kaufpreises für Grundstücke hat das Reichsgericht in einer Entscheidung vom 30. Januar 1941 dahin festgelegt, daß damit der abgeschlossene Kaufvertrag in vollem Umfang nichtig wird. Die Entscheidung war auf § 134 BGB. gestützt, wonach ein Rechtsgeschäft, das gegen ein gesetzliches Verbot verstößt, nichtig ist, wenn sich nicht aus dem Gesetz ein anderes ergibt. § 879 OstABGB. bestimmt in gleicher Weise, daß ein Vertrag, der gegen ein gesetzliches Verbot verstößt, nichtig ist; der Grundsatz der Nichtigkeit des ganzen Geschäfts ist also hier ohne Einschränkung ausgesprochen.

Die Rechtsprechung in der Ostmark hat gleichwohl Ausnahmen zugelassen, wenn der Sinn und Zweck des Verbotsgesetzes trotz des Verstoßes die Aufrechterhaltung des Geschäfts erfordern; die Rechtslage ist hienach in der Ostmark dieselbe wie im Altreich. Das Reichsgericht legte eingehend die Gründe dar, die es bestimmten, an seiner früheren Entscheidung festzuhalten. In dieser Entscheidung war ausgeführt, daß bei der Veräußerung von Waren, die Gegenstand des regelmäßigen Handelsverkehrs sind, ein Verstoß gegen das Preisbildungsgesetz nicht ohne weiteres die Nichtigkeit des Geschäfts zur Folge hat, daß vielmehr das Geschäft als zu den zulässigen Bedingungen abgeschlossen gilt; begründet wurde das damit, daß solche Waren im regelrechten Verlauf jedenfalls einmal veräußert werden und daß sie dann keinen höheren Preis als den durch die Preisüberwachungsstelle festgesetzten erzielen können. Bei Grundstücken pflegt dagegen die Höhe des vereinbarten Preises ein den Entschluß zum Verkauf wesentlich bestimmter Umstand zu sein; der Verkäufer darf also nicht gegen seinen Willen an dem Verkauf festgehalten werden, wenn der vereinbarte Preis nicht bestehen bleibt. Das traf für den vorliegenden Fall uneingeschränkt zu. Zu welchem Zweck die Klägerin das Grundstück erworben hatte, war für die zu entscheidende Frage vollkommen gleichgültig. Das vom Berufungsgericht angenommene öffentliche Interesse gewann aber Bedeutung für die Entscheidung, ob die Preisüberwachungsbehörde aus öffentlichen Rücksichten anordnen durfte, daß das Geschäft zu dem von ihr festgesetzten Preis aufrechtzuerhalten sei. Diese Auffassung ist in verschiedenen Erlassen des Reichskommissars für die Preisbildung, auch noch nach der Entscheidung des Reichsgerichts vom 30. Januar 1941, vertreten worden. Das Reichsgericht erklärte, daß diese Erlasse nur innerdienstliche Verfügungen darstellten, für die Gerichte aber nicht bindend waren, daß die Preisüberwachungsstelle auch gar nicht befugt war, eine für die Gerichte bindende Anordnung zu erlassen. § 2 PreisbildG. ermächtigt die Preisüberwachungsstellen nur, Kaufverträge, in denen ungerechtfertigte Preise vereinbart sind, zu beanstanden und ihre Durchführung zu verbieten, nicht aber, die Durchführung von Kaufverträgen zu den von ihnen bestimmten Preisen anzuordnen. Eine solche Anordnung wäre nicht als eine Maßnahme zur Sicherung des Preises, sondern als eine solche zur Sicherung des Güterverkehrs anzusehen. Der von der Preisüberwachungsstelle erhobene Anspruch, zugunsten öffentlicher Belange auf den Beklagten einen Zwang zum Verkauf seines Grundstücks zu dem von ihr festgesetzten Preis ausüben zu dürfen, enthielt in Wirklichkeit die Inanspruchnahme einer Enteignungsbefugnis. Die Grenzen zwischen Preispolitik und Enteignung sind aber gesetzgebungsmäßig streng getrennt und dürfen mit Rücksicht auf die Rechtssicherheit in der Tätigkeit der Verwaltungsbehörden nicht verwischt werden. Bei Grundstücksverkäufen handelt es sich fast immer um bedeutende Werte, so daß Preisherabsetzungen eine starke geldliche Auswirkung haben; der Entschluß, ein Grundstück zu verkaufen, ist regelmäßig davon abhängig, welcher Kaufpreis zu erzielen ist. Der Verkäufer muß also die Möglichkeit haben, von dem Verkauf abzusehen, wenn der von ihm geforderte Preis von der Preisüberwachungsstelle beanstandet wird. Die Interessenlage ist bei einem Geschäft über ein Grundstück eine ganz andere als bei einem Geschäft über eine Handelsware. Die Berücksichtigung dieser Interessenlage führt dazu, bei Herabsetzung des Preises eines Grundstücks den Kaufvertrag für nichtig und die Anordnung seiner Aufrechterhaltung für unzulässig zu erklären. (III, 29. November 1941.)

Amtl. Sammlg. S. 91—108.

Vgl. Bd. 166 S. 89; JW. 1938 S. 1084.

16. **Wucher. Zwangslage.** (ÖstABGB. § 879.) Durch den Tod eines Kaminfegermeisters war dessen Konzession frei geworden, da er weder eine Witwe, noch minderjährige Kinder hinterlassen hatte. Dem Bewerber um die Konzession wurde vom Sachbearbeiter des Stadtmagistrats eröffnet, daß sie nur an einem Bewerber verliehen werde, der sich bereit finde, für den notwendigen Unterhalt der beiden Töchter des bisherigen Inhabers der Konzession aufzukommen. Er verpflichtete sich daraufhin in einem Vertrag, den beiden Mädchen eine monatliche Rente von je 100 Schilling zu zahlen. Erst nachdem er den Vertrag vorgelegt hatte, wurde der Konzessionsbescheid ausgefertigt. Mehrere Jahre hindurch wurde die Rente bezahlt; dann wurde die Zahlung eingestellt. Die Klage auf Weiterzahlung hatte keinen Erfolg. Eine Zwangslage, wie

sie nach österreichischem Recht für den Tatbestand des Wuchers erfordert wird, ist gegeben, wenn die besonderen Umstände nur die Wahl lassen, entweder auf einen drückenden Vertrag einzugehen oder einen noch größeren Nachteil zu erleiden. Das traf hier zu, da der Beklagte mit der Ablehnung seines Gesuchs rechnen mußte, wenn er den Versorgungsvertrag nicht abschloß. Eine Ausbeutung der Zwangslage durch den anderen Vertragsteil ist schon dann anzunehmen, wenn diesem die Zwangslage bekannt ist oder offenbar aus den Umständen auffallen muß. Auch das traf zu, da die Klägerin den ganzen Sachverhalt kannte. Es bestand auch ein auffallendes Mißverhältnis zwischen Leistung und Gegenleistung. Die Klägerin und ihre Schwester hatten sich verpflichtet, bei den Kunden ihres Vaters dafür zu werben, daß sie sich künftig von dem Beklagten bedienen lassen sollten. Der Wert dieser Gegenleistung war gering, da die Kunden erfahrungsgemäß keinen Wert darauf legen, von welchem Kaminfeger sie bedient werden; das Berufungsgericht hatte sogar die Möglichkeit angedeutet, daß der Vertrag überhaupt als unentgeltlich und deshalb der Schenkungsform bedürftig anzusehen gewesen wäre. (VIII, 10. Dezember 1941.)

Amtl. Sammlg. S. 108—115.

17. Sicherungsabtretung. (ÖstABGB. §§ 1343, 1392; ÖstEO. §§ 9, 35, 371, 376; ÖstZPO. § 234; ZPO. §§ 265, 266.) Eine Klage wurde abgewiesen und der Kläger zum Ersatz der Kosten verurteilt. Der Beklagte trat die ihm hienach zustehende Forderung an seinen Rechtsanwalt ab; trotzdem erwirkte er einen Beschluß, wodurch ihm die Exekution zur Sicherstellung seiner Forderung durch Pfändung und Verwahrung von Fahrnissen und Pfändung von Gehaltsbezügen des Klägers bewilligt wurde. Der Kläger erhob nun eine neue Klage mit der Begründung, daß der Beklagte zur Zwangsvollstreckung auf Grund des Urteils nicht berechtigt sei, da auch der Anwalt des Beklagten Zwangsvollstreckung gegen ihn erwirkt habe. Während des Verfahrens wurde das Urteil, auf das sich die Forderung stützte, aufgehoben und die Sache zur neuen Verhandlung zurückverwiesen. Das Berufungsgericht wies die Klage ab. Das Reichsgericht verwies die Sache an das Landgericht zurück. Die einmal auf Grund eines im Berufungsverfahren bestätigten Urteils bewilligte Exekution zur Sicherstellung wurde durch die Aufhebung dieses Urteils und Zurückverweisung der Sache an das Erstgericht nicht unzulässig. Dagegen bedurfte die Auffassung des Berufungsgerichts, daß der Beklagte trotz der Abtretung der Forderung in eigenem Namen Zwangsvollstreckung zur Sicherstellung betreiben konnte, einer Überprüfung. Die Sicherungsabtretung ist durch ihren Zweck gegenüber der vollen Abtretung in gleicher Weise beschränkt wie die Einräumung einer Sicherstellung durch körperliche Sachen gegenüber der Übertragung des Eigentums an solchen Sachen; mit ihr wird nur eine Verpfändung der Forderung beabsichtigt, wenn diese auch in die Form der Abtretung gekleidet wird. Das Recht des Abtretenden, Zahlung vom Schuldner zu verlangen, wird durch eine solche Abtretung nicht berührt; er darf nur nicht Zahlung an sich selbst, sondern nur Zahlung an den durch die Abtretung gesicherten Übernehmer verlangen. Trotz der Abtretung kann also der bisherige Gläubiger auch Zwangsvollstreckung für die Forderung betreiben. Der Schuldner kann ihm nur gegen eine Zwangsvollstreckung auf Zahlung an ihn selbst entgegentreten, wenn auch der Exekutionstitel auf ihn lautet. Die Zurückverweisung erfolgte zum Zweck der Prüfung, ob die Abtretung an den Rechtsanwalt nur zur Sicherung erfolgt war. (VIII, 12. Dezember 1941.)

Amtl. Sammlg. S. 115—121.

18. **Erschütterung der Geschäftsgrundlage. Unzulässige Rechtsausübung. Treu und Glauben.** (BGB. §§ 242, 323.) In einer Stadt in Baden errichtete der Badische Frauenverein vom Roten Kreuz im Jahr 1907 auf einem Grundstück der Stadt ein Gebäude, in welchem eine Kinderbewahranstalt, eine Handarbeitsschule und eine Krankenpflegestation auf Kosten des Vereins betrieben wurde. Im Jahr 1934 wurde zwischen der Stadt und dem Verein ein Vertrag geschlossen, worin der Verein anerkannte, daß das Grundstück mit den darauf errichteten Gebäuden Eigentum der Stadt sei, und auf alle Ansprüche verzichtete, die aus der Errichtung der Gebäude erhoben werden konnten; die Stadt räumte dafür dem Frauenverein das Recht ein, in den Gebäuden auf seine Kosten eine Kinderschule und eine Krankenpflegestation zu be-

treiben, sowie die Räume für sonstige dem Verein satzungsgemäß obliegende Aufgaben zu verwenden; das Recht sollte erlöschen, wenn der Verein aufgelöst würde oder in eine andere Organisation als eine Reichs-NS-Organisation überginge. Zur Sicherung dieses Rechts wurde eine beschränkte persönliche Dienstbarkeit zugunsten des Vereins eingetragen. Durch das am 1. Januar 1938 in Kraft getretene Gesetz über das Deutsche Rote Kreuz vom 9. Dezember 1937 wurde der Badische Frauenverein vom Roten Kreuz aufgelöst; sein Vermögen ging auf das Deutsche Rote Kreuz über. Gegen dieses klagte die Stadt auf Einwilligung in die Löschung der Dienstbarkeit. In zwei Rechtszügen wurde die Klage abgewiesen. Das Reichsgericht verwies die Sache zurück. Mit Recht hatte das Berufungsgericht angenommen, die durch das Gesetz über das Deutsche Rote Kreuz angeordnete Auflösung des Frauenvereins könne nicht als eine Auflösung im Sinne des Vertrags im Jahr 1934 angesehen werden, da durch das Gesetz die in Betracht kommenden Vereinigungen zu einer neuen Rechtspersönlichkeit zusammengeschlossen wurden und für den Fall des Übergangs des Frauenvereins in eine andere Organisation in dem Vertrag eine besondere Bestimmung getroffen worden war. Unhaltbar war jedoch die weitere Aufnahme des Berufungsgerichts, daß das Deutsche Rote Kreuz als eine NS.-Organisation anzuerkennen sei. Daß es nach nationalsozialistischen Grundsätzen ausgerichtet ist und Vergünstigungen genießt, die sonst nur den NS-Organisationen eingeräumt sind, reicht hiefür nicht aus. Da es sich um eine Ausnahmebestimmung handelte, war an sich schon bei einer ausdehnenden Auslegung Vorsicht geboten. Die Bestimmung war offensichtlich in dem Sinne gedacht, daß der Weiterbetrieb des Kindergartens, der Handarbeitsschule und der Schwesternstation bei dem Übergang des Frauenvereins an eine entsprechende NS.-Organisation als gesichert galt; das Deutsche Rote Kreuz betätigt sich aber nicht auf diesen Gebieten — mit Ausnahme der Krankenpflege — und es ist auch nicht anzunehmen, daß diese, die als Aufgabe der nationalsozialistischen Volkswohlfahrt gelten, dem Roten Kreuz wieder übertragen werden. Die Klägerin hatte sich auch darauf berufen, daß die Geschäftsgrundlage des Vertrags vom Jahr 1934 erschüttert sei. In dieser Richtung fand das Reichsgericht die Sache nicht hinlänglich klargestellt. Die Erschütterung der Geschäftsgrundlage hat nicht ohne weiteres die Unwirksamkeit des Vertrags zur Folge; sie beseitigt insbesondere nicht die schon eingetretenen Wirkungen des Vertrags. Wenn das Festhalten am Vertrag den Grundsätzen von Treu und Glauben widerspräche, stellte es eine unzulässige Rechtsausübung dar. Der andere Teil kann sie mit der entsprechenden Einrede bekämpfen; er hat auch einen schuldrechtlichen Anspruch darauf, daß der Vertragsgegner von ihr Abstand nimmt. Das Berufungsgericht hatte ausgeführt, daß die Geschäftsgrundlage zwar zu einem erheblichen Teil, aber doch nicht vollständig in Wegfall gekommen sei; im Vertrag seien auch noch die sonstigen, dem Frauenverein satzungsmäßig obliegenden Aufgaben erwähnt und solche beständen, wie früher für den Frauenverein, so jetzt für das Deutsche Rote Kreuz, wie insbesondere die Ausbildung von Pflegepersonen. Hiebei war aber nicht geschieden zwischen den vertraglich bedungenen Leistungen, dem Vertragszweck und der Geschäftsgrundlage. Die Geschäftsgrundlage wird gebildet durch die beim Vertragsschluß zutage getretene, vom Vertragsgegner in ihrer Bedeutung erkannte und nicht beanstandete Vorstellung vom Vorhandensein oder dem künftigen Eintritt gewisser Umstände, auf denen sich der Geschäftswille aufbaut. Die Geschäftsgrundlage kann auch dann erschüttert sein, wenn der Vertragszweck zum Teil noch erreichbar ist, wie umgekehrt die Vereitelung des Vertragszwecks nicht notwendig zur Erschütterung der Geschäftsgrundlage führen muß. Das Berufungsgericht hätte die mündlichen und schriftlichen Verhandlungen, die dem Vertragsschluß vorausgingen, erörtern und die von der Klägerin als Zeugin benannte damalige Vorsitzende des Frauenvereins vernehmen müssen, welche die maßgebenden Verhandlungen mit der Klägerin geführt hatte. Wäre nach der bei den Verhandlungen zutage getretenen Einstellung der Vertreter der Klägerin, ohne daß dem von der anderen Seite entgegengetreten wurde, die Dienstbarkeit nicht bestellt worden, wenn nicht die im Vertrag angeführten Hauptzwecke gewährleistet waren, so könnte die Erschütterung der Geschäftsgrundlage nicht deshalb verneint werden, weil die Erfüllung der anderen Aufgaben noch möglich war; das Verlangen auf Aufrechterhaltung der Dienstbarkeit verstieße dann gegen Treu und Glauben, da durch die Nichterfüllung der Hauptaufgaben die Bestellung der Dienstbarkeit sinnwidrig wäre. Für die neue Verhandlung verwies das Reichsgericht noch darauf, daß der durch die Einräumung der Dienstbarkeit dem Frauenverein gewährten Berechtigung die von diesem übernommene Verpflichtung gegenüberstand, die Kinderbewahranstalt, die Nähschule und die Krankenstation zu unterhalten, so daß, nachdem die Erfüllung dieser Verpflichtung der beklagten Vereinigung nicht mehr möglich war, aus diesem Grunde die Einwilligung in die Löschung der Dienstbarkeit verlangt werden konnte. (V, 15. Dezember 1941.)

Amtl. Sammlg. S. 121—128.

Vgl. Bd. 140 S. 382; JW. 1937 S. 2036.

19. Reichsärztekammer. Rechtsweg. Prüfungsrecht der Gerichte. Amtspflichtverletzung. (BGB. § 839; Weim. Verf. Art. 131; RÄrzteO. §§ 1, 19, 38, 42, 46; GVG. § 13.) In Schleswig-Holstein bestand früher eine privatärztliche Verrechnungsstelle E. V. Ihre Aufgabe war die Einziehung der Honorarforderungen ihrer Mitglieder. Jeder Arzt, der Privatpraxis betrieb, konnte ihr beitreten. Er verpflichtete sich dadurch, dem Verein alle aus seiner Privatpraxis entstehenden Honorarforderungen zur weiteren Behandlung zu übergeben. Durch Anordnung des Reichsärzteführers wurde der Verein im September 1937 aufgelöst; als Rechtsnachfolgerin trat die Reichsärztekammer ein. Diese errichtete eine Verwaltungsstelle der Ärztekammer Schleswig-Holstein, die den gleichen Namen führte wie früher der Verein. Sie übernahm die ganze Einrichtung sowie die Forderungen und Verbindlichkeiten des Vereins und ließ auch die Mitgliedschaft der Ärzte, die bisher dem Verein angehört hatten, fortbestehen; der künftige Beitritt wurde auf die Ärzte beschränkt, die im Bezirk der Verrechnungsstelle wohnten. Im Jahr 1938 traf die Reichsärztekammer mit der Fachgruppe „Private Krankenversicherung" eine Vereinbarung, wonach die Verrechnungsstelle in die Abrechnung mit dieser eingeschaltet werden sollte. Der Reichsärzteführer erließ am 1. Mai 1938 eine Bekanntmachung, wonach alle Ärzte in Schleswig-Holstein, die Privatpraxis ausübten, gleichviel, ob sie der Verrechnungsstelle angehörten oder nicht, verpflichtet waren, alle Rechnungen für Privatpatienten, deren Zugehörigkeit zu einer privaten Krankenversicherung ihnen bekannt war, bei der Verrechnungsstelle einzureichen; die Versicherungen sollten dann die entsprechenden Beträge an die Verrechnungsstelle zahlen. In gleicher Weise sollten die Versicherungen, denen solche Rechnungen von den Ärzten zugingen, diese der Verrechnungsstelle zuleiten und die Geldbeträge an diese abführen. Einem Arzt, der nicht Mitglied der Verrechnungsstelle war und es auch ablehnte, seine Rechnungen für Privatversicherte über diese zu leiten, wurden für Rechnungen, die von privaten Versicherungen bei der Verrechnungsstelle eingereicht und an diese beglichen worden waren, Abzüge für Verwaltungskostenbeiträge gemacht. Er klagte gegen die Reichsärztekammer auf Auszahlung der einbehaltenen Beträge. In zwei Rechtszügen drang die Klage durch. Das Reichsgericht erklärte den Rechtsweg für unzulässig. Die Reichsärztekammer ist eine Körperschaft des öffentlichen Rechts; ihre Aufgaben sind im wesentlichen staatshoheitlicher Art. Das hindert nicht, daß sie sich mit einzelnen Betätigungen auf den Boden des bürgerlichen Rechts begibt. Die Verträge zwischen der Verrechnungsstelle und den Ärzten, die ihr beitreten, fallen unter diesen Gesichtspunkt. Darum handelte es sich aber bei der Klage nicht. Der dem Kläger gemachte Abzug beruhte darauf, daß durch Anordnung der Reichsärztekammer die privaten Versicherungsgesellschaften und die Verrechnungsstelle genötigt wurden, sich mit den Forderungen des Klägers gegenüber seinen Patienten zu befassen. Diese Anordnung war obrigkeitlicher Natur. Die Grundlage des erhobenen Anspruchs konnte nur in einer Amtspflichtverletzung gefunden werden. Für die Klage wäre im ersten Rechtszug das Landgericht ausschließlich zuständig gewesen; das Berufungsgericht hatte, da die beklagte Reichsärztekammer keine Einwendung erhob, davon abgesehen, aus dem Umstand, daß das erste Urteil von einem Amtsgericht ergangen war, Folgerungen zu ziehen. Das Reichsgericht erkannte das als richtig an und erklärte weiter, daß hiedurch die Zulässigkeit der Revision nicht berührt werde. Mit der Klage wurde die Rechtmäßigkeit der vom Reichsärzteführer erlassenen Anordnung bestritten. Wenn das allein das Ziel der Klage war, stand hiefür der Rechtsweg nicht offen, da es nicht

Aufgabe der Gerichte ist, über die Rechtsbeständigkeit von Verwaltungsmaßnahmen zu entscheiden, die von obrigkeitlichen Stellen im Rahmen ihrer öffentlich-rechtlichen Tätigkeit getroffen worden sind. Das gilt auch dann, wenn das Verlangen der Nachprüfung in das Gewand der Geltendmachung von Schadenersatzansprüchen aus Amtspflichtverletzung gekleidet wird. Das traf hier zu. Die Schlüssigkeit der Klagebegründung setzte voraus, daß der Reichsärzteführer mit seinen in der Bekanntmachung vom 1. Mai 1938 getroffenen Ersuchen und Weisungen an die privaten Versicherungen, die Ärzte und die Verrechnungsstelle seine Befugnisse überschritten habe; andernfalls waren die dem Kläger gemachten Abzüge von seinen Forderungen nicht rechtswidrig. Unrichtig war es allerdings, wenn die Revision dem Berufungsgericht das Recht absprach, die Befugnisse des Reichsärzteführers zur Erlassung seiner in Frage stehenden Anordnung nachzuprüfen. Nachdem Klage auf Schadenersatz erhoben war, bildete die Rechtmäßigkeit dieser Anordnung eine an der Rechtskraftwirkung der gerichtlichen Entscheidung nicht teilnehmende Vorfrage. Daß, sofern die Bescheidung eines im Wege der gerichtlichen Klage geltend gemachten Anspruchs die Beurteilung von Vorgängen voraussetzt, die auf dem Gebiete des öffentlichen Rechts liegen, diese ebenfalls von dem mit dem Anspruch befaßten ordentlichen Gericht zu würdigen sind, ist, soweit nicht das Gesetz für besondere Fälle anders bestimmt, allgemein anerkanntes Recht. Das Gesetz hat auch die Gerichte nicht durch besondere Vorschrift an die Anordnungen des Reichsärzteführers gebunden. In der Revision war ausgeführt, die Gerichte seien nur dann in der Lage, einer Hoheitsmaßnahme Verbindlichkeit und Wirksamkeit abzusprechen, wenn sie sich so weit von den an eine ordnungsmäßige Verwaltung zu stellenden Anforderungen entferne, daß sie als Akt der Verwaltung überhaupt nicht mehr angesehen werden könne, vielmehr außerhalb aller verwaltungsmäßigen Erwägungen liege, wenn es sich also um einen gesetzlich überhaupt nicht zu rechtfertigenden Akt reiner Willkür handle. Diese Erwägungen waren für den gegenwärtigen Fall nicht verwendbar. Sie treffen nur da zu, wo es sich um Entscheidungen handelt, welche die Verwaltungsbehörden innerhalb ihrer gesetzlichen Befugnisse erlassen und in den dadurch bestimmten Schranken nach ihrem pflichtmäßigen Ermessen getroffen haben. Hier dagegen stand gerade in Frage, ob der Reichsärzteführer sich mit seinen Anordnungen im Rahmen der ihm vom Gesetz erteilten Ermächtigung gehalten oder widerrechtlich in einen fremden Rechtskreis eingegriffen hatte. Die Beachtung solcher Grenzen steht niemals im Ermessen der Verwaltungsbehörden. Das Berufungsgericht hatte diese Frage mit Recht geprüft. Unrichtig war aber seine Entscheidung, wenn sie für das Vorgehen des Reichsärzteführers die erforderliche gesetzliche Grundlage vermißte. Die Reichsärztekammer kann zwar nicht unbeschränkt in alle Vermögensrechte eingreifen, die sich für die Ärzte aus der Ausübung ihres Berufs ergeben; wohl aber hat sie eine solche Befugnis unter der Voraussetzung, daß die Erfüllung einer ihr zugewiesenen Aufgabe den Eingriff nach pflichtmäßigem Ermessen ihres Leiters notwendig macht. Die Befugnis der Reichsärztekammer und ihrer Untergliederungen zum Eingriff in die Rechte der Ärzte findet ihre Grenze an der Gestaltung der den Standesorganen erteilten Aufträge und nur an diesen. Die Reichsärzteordnung schließt die gesamte deutsche Ärzteschaft zu einer auf ständischer Grundlage ruhenden Einheit zusammen, in die der einzelne Arzt als Glied eingefügt ist. Ein Gegensatz zwischen ihm und der Ordnung der Ärzteschaft und ihrer Vertretung kann von hier aus gesehen nicht auftreten. Es findet eine vollständige Durchdringung der aus der Ordnung der Ärzteschaft erwachsenden Aufgaben und der persönlichen und wirtschaftlichen Belange der Ärzte statt, woraus sich naturgemäß Bindungen und Beschränkungen für die Ärzte ergeben. Die Reichsärztekammer schließt die Ärzte zu gemeinsamer Arbeit zusammen, um die Erfüllung der ihnen gestellten Aufgaben zu gewährleisten. Zur Erreichung dieses Zieles sind ihr eine Reihe bestimmter Aufgaben übertragen; die Aufzählung ist aber nicht erschöpfend. Unter den gesetzlichen Bestimmungen, welche ihren Aufgabenkreis umschreiben, ist die Reichsärzteordnung nach ihrem Gesamtinhalt, ihrem Sinn und Zweck zu verstehen. Es kam also darauf an, ob die in der Bekanntmachung des Reichsärzteführers vom 1. Mai 1938 enthaltenen Anordnungen nach seinem pflichtmäßigen Ermessen den mit der Reichsärzteordnung angestrebten

Zielen dienen und daher im Rahmen der Reichsärztekammer gestellten Aufgaben liegen konnten. Das konnte nach dem Zwecke, den sie anstrebten, nämlich der Beseitigung der Mißstände, die sich im Verhältnis zwischen den Ärzten und Privatkrankenversicherten wie auch den Privatkrankenversicherungen selbst herausgebildet hatten, sowie der Erhaltung eines sittlich unversehrten Ärztestandes nicht bezweifelt werden. Ob die getroffenen Maßnahmen wirklich geeignet waren, diesen Zweck zu erfüllen, unterlag nicht der gerichtlichen Beurteilung. Daß der Kläger der Verrechnungsstelle nicht als Mitglied beigetreten war, hatte keine Bedeutung. (III, 12. November 1941.)

Amtl. Sammlg. S. 129—143.

Vgl. Bd. 135 S. 110; Bd. 154 S. 167, 180; Bd. 164 S. 15, 162; RAG. Bd. 24 S. 98; JW. 1938 S. 1848.

20. **Katholischer Geistlicher. Entlassung. Amtspflichtverletzung. Rechtsweg.** (BGB. § 839; WeimVerf. Art. 131; Codex juris canonici can. 133, 363, 366, 368, 2146, 2176; Konkordat zwischen dem Heiligen Stuhl und dem Deutschen Reich vom 20. Juli 1933 Art. 1, 13, 14, 33; GVG. § 13.) Ein Pfarrer der Diözese Trier wurde durch ein Dekret des Bischofs seiner Pfarrstelle enthoben. Als Grund wurde angegeben, daß er durch sein Verhalten den Verdacht unkeuschen Lebenswandels erregt und seine vorgesetzte Behörde gröblich getäuscht habe. Schon früher war er wegen seiner Beziehungen zu einer im Pfarrhaus lebenden Verwandten beanstandet und, da er sie trotz Aufforderung der bischöflichen Behörde nicht aus dem Pfarrhaus entfernt hatte, von seiner Stelle enthoben worden. Nach längeren Verhandlungen mit dem Generalvikar und nachdem er eine Treueerklärung gegenüber dem Bischof abgegeben hatte, war ihm eine andere Pfarrstelle übertragen worden. Entgegen seinem schriftlichen Versprechen hatte er seine Verwandte wiederum als Haushälterin in das Pfarrhaus aufgenommen und ihre Anwesenheit seinen kirchlichen Vorgesetzten gegenüber mehrfach abgeleugnet. Nach seiner Entlassung fand er Anstellung bei einem Arbeitsamt. Er klagte gegen den bischöflichen Stuhl von Trier auf Zahlung des Betrages, der ihm durch seine Entlassung ausgefallen war, und auf Feststellung, daß der Beklagte verpflichtet sei, ihm bis zur Vollendung des 65. Lebensjahres die ihm nach dem Pfarrbesol-

dungsgesetz zustehenden Gehaltsbezüge abzüglich der von ihm anderweit verdienten Beträge zu zahlen. Die Klage begründete er damit, daß nicht die angegebenen Gründe, sondern seine politische Einstellung, sein Eintreten für die NSDAP. und sein freundschaftlicher Verkehr mit dem Leiter der Geheimen Staatspolizei der wirkliche Anlaß für seine Absetzung gewesen seien. In allen Rechtszügen drang die Klage durch.

I. Die Zulässigkeit der Revision bedurfte keiner näheren Begründung, da der Wert des Beschwerdegegenstandes 10000 *RM* überstieg.

II. Der Beklagte hatte in erster Reihe die Zulässigkeit des Rechtswegs bestritten mit der Begründung, daß das Verlangen des Klägers auf nichts anderes als auf die Nachprüfung der Rechtmäßigkeit des Entlassungsdekrets hinauslaufe und daher einen Eingriff in das der Kirche vom Staat zugestandene Selbstverwaltungsrecht bedeute. Des weiteren hatte der Beklagte seine Verpflichtung zur Sache in Abrede gestellt, da für eine Inanspruchnahme des Bischöflichen Stuhles als Beklagten eine Rechtsgrundlage fehle. Das Reichsgericht erklärte dazu, daß unter der Bezeichnung „Bischöflicher Stuhl" das Bistum in Anspruch genommen werde, dessen Rechtsfähigkeit von jeher anerkannt worden sei und dessen Parteifähigkeit demzufolge nicht bestritten werden könne. Als gesetzliche Vertreter des beklagten Bistums waren in der Klage der Bischof und der Generalvikar benannt; damit war nicht gemeint, daß es sich um mehrere gesetzliche Vertreter handle, die nur gemeinschaftlich auftreten könnten, sondern daß dem Generalvikar neben dem Bischof die Stellung eines gesetzlichen Vertreters des Bischöflichen Stuhles zukomme. Das entsprach dem kanonischen Recht, das hiefür, da es sich um die Ordnung des innerkirchlichen Bereichs handelt, nach dem Reichskonkordat maßgebend ist.

III. Die Zulässigkeit des Rechtswegs hing von der Natur des erhobenen Anspruchs ab. Als Verlangen des Gehalts, das dem Kläger als Inhaber der ihm entzogenen Pfarrstelle zustand, konnte die Klage nicht angesehen werden, da dem Kläger diese Stelle rechtwirksam entzogen war. Die maßgebende Entscheidung der kirchlichen Behörde war für das Gericht bindend, da es sich um Gegenstände handelte, die in den Bereich der Ämterhoheit der katholischen Kirche fielen, die ihr als einem Zusammenhang selbständiger Körperschaften des öffentlichen Rechts von jeher zustand und durch das Reichskonkordat ausdrücklich bestätigt worden ist. Das würde nur dann nicht gelten, wenn die vom Generalvikar gegen den Kläger ausgesprochene Amtsenthebung schlechterdings unzulässig gewesen wäre; in diesem Falle wäre sie als nichtig zu behandeln. So lag aber die Sache nicht. Nach den Vorschriften des kanonischen Rechts haben sich die Geistlichen anstößigen Umgangs mit Frauen zu enthalten und, wenn nach dem Urteil des Bischofs die Gefahr eines Ärgernisses gegeben ist, die betreffende Frau aus ihrer Umgebung zu entfernen; kommt ein Geistlicher, der eine Pfarrstelle innehat, dieser Aufforderung nicht nach, so gebietet das kanonische Recht dem Bischof, ihm die Pfarrstelle wegzunehmen. Der Generalvikar hat neben dem Bischof allgemeine Vertretungsmacht. Äußerlich ging also die Enthebung des Klägers von seiner Pfarrstelle in Ordnung. Der Kläger hatte das selbst nicht bestritten und darum sein Verlangen unter dem Gesichtspunkt des Schadenersatzes erhoben. Diesen Anspruch gründete er darauf, daß durch die Amtsenthebung Rechtspflichten verletzt worden seien, die den Vertretern des beklagten Bischöflichen Stuhles ihm gegenüber obgelegen hätten. Hiefür konnten nicht die Vorschriften des bürgerlichen Rechts maßgeben; da die selbständigen Gliederungen der katholischen Kirche Körperschaften des öffentlichen Rechts sind, müssen auch die Vorschriften, welche die Rechtsbeziehungen der Geistlichen betreffen, dem öffentlichen Recht angehören. Das Berufungsgericht hatte gleichwohl die § 839 BGB. und Art. 131 WeimVerf. für anwendbar erklärt, weil es sich bei diesen Vorschriften um Rechtsnormen ganz allgemeinen Inhalts handle, welche die Betätigung der öffentlichen Beamten und die Wirksamkeit der öffentlichen Körperschaften im weitesten Sinne umfaßten und dafür Gewähr bieten sollten, daß jeder Beamte sich bei seinen Handlungen gegenüber Dritten im Rahmen von Gesetz und Recht bewege. Dem war von seiten des Beklagten entgegengehalten worden, daß die Kirchenbeamten, soweit sie rein kirchliche Ämter bekleideten, nicht als Beamte im Sinne dieser Vorschriften anzusehen seien, da sie keine Aufgaben betätigten, die aus der Staatsgewalt abgeleitet seien oder staatlichen Zwecken dienten. Auch der gleichsinnigen (analogen) Anwendung der Amtshaftungsbestimmungen auf den vorliegenden Fall stehe das Recht der Kirche auf Selbstbestimmung, insbesondere auf freie Ämterverleihung, entgegen, das der Kirche durch die Weimarer Verfassung und das Reichskonkordat gewährleistet worden sei. Solle diese Ämterverwaltung der Kirche wirklich frei und selbständig sein, so müsse es der Kirche überlassen bleiben, ob sie ihre Amtsträger bei Amtspflichtverletzungen einer Haftung gegenüber Dritten unterwerfen und möglicherweise selbst für den Schaden eintreten wolle; auch müsse die Kirche im Einzelfalle selbständig feststellen können, ob eine schuldhafte Amtspflichtverletzung vorliege oder nicht. Durch das Konkordat ist aber der katholischen Kirche das Recht, ihre Angelegenheiten selbständig zu ordnen und zu verwalten, nur innerhalb der Grenzen des für alle geltenden Gesetzes zugestanden. In den ausschließlichen Bereich der Rechtssetzung der Kirche fällt auch ihr innerer Aufbau, also die Regelung, unter welchen Voraussetzungen sie Personen als Seelsorger bestellen oder aus ihren Ämtern entfernen will. Die Kirche ist aber als eine in der Welt wirkende Anstalt genötigt, am allgemeinen Rechtsverkehr teilzunehmen; soweit es sich hierum handelt, ist sie dem für alle geltenden Gesetz unterworfen. Daraus ergibt sich, daß es nicht mehr in das Gebiet innerer Ordnung fallen kann, wenn die Kirche ihr obliegende Pflichten dieses äußeren Bereichs verletzt und dadurch einem anderen Rechtsträger Schaden verursacht. Wenn ein solcher Schaden dadurch herbeigeführt wird, daß ein Amtsträger der Kirche durch sein Verhalten eine öffentlich-rechtliche Pflicht verletzt, die ihm gegenüber einem anderen durch staatliche oder kirchliche Rechtsvorschrift auferlegt wird, muß die Entscheidung, welche rechtlichen Folgen das hat, dem staatlichen Recht entnommen werden. Das gilt auch im Verhältnis der Kirche und ihrer Amtsträger zu den Personen, die der Kirche selbst als Geistliche angehören. Auch deren Vermögensrechte werden gegenüber der Kirche durch das staatliche Recht geschützt. In derselben Weise fällt es in den Bereich des für alle geltenden Gesetzes, wenn es sich darum handelt, die Rechtsfolgen in dem Falle zu bestimmen, daß die Vermögensrechte solcher Personen durch amtspflichtverletzende Behandlung seitens eines

Oberen geschädigt worden sind. § 839 BGB. will die allgemeinen Vorschriften über den Schadenersatz wegen unerlaubter Handlungen für den Fall erweitern, daß die Einwirkung von der Betätigung eines Beamten ausgegangen ist. Ein Schadenersatz soll hienach schon gewährt werden, wenn der Beamte sich über Amtspflichten hinweggesetzt hat, die ihm gegenüber dem Geschädigten obgelegen hätten. Daraus folgt, daß die Vorschrift überall angewendet werden muß, wo eine solche Betätigung mit Wirkung nach außen hin stattfindet, mag sie auch von Körperschaften ausgehen, die selbst nicht in den staatlichen Aufbau eingegliedert sind, sondern neben ihm bestehen, wie die öffentlich-rechtlichen Körperschaften. Ihre Organe sind daher öffentliche Beamte in dem Sinne, den § 839 BGB. voraussetzt. In entsprechender Weise wird auch die Anwendung des Rechtsgrundsatzes, den Art. 131 WeimVerf. ausdrückt, durch das Bedürfnis gefordert, das zu seiner Entstehung geführt hat. Die Rechtsnorm erstrebt in gleicher Weise den Schutz des der öffentlichen Gewalt unterworfenen Volksgenossen wie den des Beamten; dem ersteren will sie einen großzügigeren und leistungsfähigeren Schuldner verschaffen, den letzteren vor dem unmittelbaren Zugriff des wirklich oder vermeintlich Geschädigten schützen. Diese Gesichtspunkte sind überall begründet, wo die Ausübung irgendwelcher öffentlichen Gewalt stattfindet. Die Rechtsprechung hat demgemäß den Begriff des Beamten im Sinne des Art. 131 WeimVerf. in weitgehendem Maße von dem staatsrechtlichen Beamtenbegriff gelöst und ihn auf jede Person ausgedehnt, die das Reich oder seine Gliederungen mit öffentlicher Gewalt bekleidet haben. Für den vorliegenden Fall forderte das öffentliche Bedürfnis das gleiche. Diese im allgemeinen Recht wurzelnde Verpflichtung öffentlich-rechtlicher Körperschaften, von ihren Beamten begangenes Unrecht im Wege des Schadensersatzes auszugleichen, läßt das Recht der Kirche, ihre inneren Verhältnisse selbst zu ordnen, unberührt; ein Eingriff in den Bereich des Reichskonkordats liegt auch dann nicht vor, wenn der Dritte, dem auf auf Grund des Art. 131 WeimVerf. Schadenersatz zu leisten ist, selbst Inhaber eines Kirchenamts ist oder war. Die Revision berief sich noch darauf, daß auch bei Annahme der Anwendbarkeit von § 839 BGB. und Art. 131

WeimVerf. auf Amtsträger der Kirche sich keine Verpflichtung des beklagten Bischöflichen Stuhls zu der Sache ergebe, da der Generalvikar nicht im Dienste des Bischöflichen Stuhls stehe; als Glied der katholischen Hierarchie stehe er im Dienste der Gesamtkirche, nicht eines einzelnen Bistums. Die katholische Kirche gliedert sich aber in eine Reihe selbständiger, mit öffentlicher und bürgerlicher Rechtsfähigkeit ausgestatteter Körperschaften; im Sinne des Art. 131 WeimVerf. kann sehr wohl gesagt werden, daß der Generalvikar im Dienste des Bistums steht, in dem er tätig wird. Nach katholischem Kirchenrecht wird er von dem Bischof für den Bereich dieses Bistums ernannt und ist in seinen Befugnissen auf diesen Bezirk beschränkt. Welche Rechtsnatur seiner Stellung nach kirchlicher Auffassung zukommt, ist für die hier vorzunehmende Beurteilung ohne Belang. Das Ergebnis kann dahin zusammengefaßt werden, daß die Körperschaften der öffentlich-rechtlichen Religionsgesellschaften nach den Normen des § 839 BGB. und des Art. 131 WeimVerf. verantwortlich sind, wenn ihr Beamter einem anderen durch Verletzung der ihm diesem gegenüber obliegenden Amtspflicht Schaden verursacht hat, sowie daß diese Haftung sich, wenn solche Amtspflichtverletzung von dem Generalvikar eines katholischen Bistums ausgegangen ist, unmittelbar gegen dieses richtet.

IV. Für die Verfolgung eines solchen Anspruchs steht grundsätzlich der Rechtsweg offen. Eine so erhobene Klage darf allerdings nicht dazu führen, daß sich die ordentlichen Gerichte mit der unmittelbaren Nachprüfung von Verwaltungsmaßnahmen befassen, die von den zuständigen Stellen innerhalb des ihnen vom Gesetzgeber zur eigenen verantwortlichen Erledigung eingeräumten Aufgabenbereichs erlassen worden sind. Wenn das erstrebt wird, ist die Klage wegen Unzulässigkeit des Rechtswegs abzuweisen. Für die erforderliche Abgrenzung ist entscheidend, ob der Klagevortrag, seine Richtigkeit unterstellt, die schlüssige Darstellung eines Sachverhalts enthält, der die sämtlichen Merkmale des in § 839 BGB. erforderten Tatbestandes ergibt. Das Berufungsgericht war davon ausgegangen, daß das Entlassungsdekret eine Ermessensentscheidung darstelle und daß die Ausübung eines solchen Ermessens zwar grundsätzlich richterlicher Nachprüfung entzogen, daß eine solche aber geboten sei, wenn es sich darum handle, daß der Beamte nicht nach pflichtmäßigem Ermessen, sondern willkürlich, etwa offensichtlich schikanös, feindselig oder unwahrhaftig verfahren und in so hohem Maße fehlerhaft vorgegangen sei, daß die Entscheidung sich schlechterdings nicht erklären oder rechtfertigen lasse. Das traf zu, wenn der Kläger wirklich, wie er behauptete, nicht wegen der ihm zur Last gelegten Verfehlungen, sondern wegen seiner Stellungnahme für die NSDAP. von seiner Stelle enthoben worden war. Es versteht sich von selbst, daß der Staat auf solchem Beweggrunde beruhende Eingriffe in die Anstellungsverhältnisse abhängiger Personen, in welchem Bereich sie auch immer sich ereignen, unter gar keinen Umständen dulden kann. Es ist schlechterdings rechtswidrig, wenn jemandem seine Stellung genommen wird, weil er die Partei fördert, die Trägerin des deutschen Staatsgedankens ist. Der Behauptung des Klägers hatte die Revision entgegengehalten, daß nach kanonischem Recht die Enthebung des Klägers von seiner Pfarrstelle nicht nur zulässig, sondern geboten war. Die hiefür angeführten Vorschriften beziehen sich aber auf den Fall, daß der Geistliche, gegen den sie angewendet werden, mit einer Frau in geschlechtlichem Verkehr lebt. Das hatte der Kläger weder zugegeben, noch war er dessen überführt worden. Die Sache lag also keinesfalls so, daß das Verhalten des Klägers notwendig seine Dienstentlassung herbeiführen mußte. Das allein war entscheidend. Auch sein täuschendes Verhalten begründete keine Notwendigkeit, ihn in der geschehenen Weise zu behandeln. Es stand nichts im Wege, daß der Generalvikar zu dem Ergebnis kam, der Verdacht oder die Gefahr läge nicht vor. Die Prüfung war in das pflichtmäßige Ermessen des Generalvikars gestellt. Wenn das Vorbringen des Klägers zutraf, lag ein grober Ermessensmißbrauch in dem Sinne vor, wie er für ein Eingreifen der Rechtsprechung vorausgesetzt ist. Der Rechtsweg war hienach als zulässig anzuerkennen.

V. Die Untergerichte hatten festgestellt, daß die den Umgang des Klägers mit seiner Verwandten betreffenden Vorkommnisse bedeutungslos waren, wenn sie auch größere Unbefangenheit und Zwangslosigkeit an den Tag legten, als gemeinhin üblich ist und angesichts der Stellung des Klägers als geziemend bezeichnet werden konnte. Der Beklagte hatte selbst den Standpunkt eingenommen, daß geschlechtliche Beziehungen zwischen den beiden nicht behauptet würden. Anderseits hatten die Untergerichte festgestellt, daß die Haltung des Klägers sowohl vor als auch nach der Machtübernahme gegenüber der Zentrumspartei ablehnend, dagegen gegenüber der NSDAP. freundlich war. Hieraus und aus der Strenge der Ahndung des Verhaltens des Klägers im Vergleich mit der milden Beurteilung, die sittliche Verfehlungen von Geistlichen sonst bei der bischöflichen Behörde gefunden hatten, hatten die Untergerichte die Überzeugung gewonnen, daß der Generalvikar sich bei der Amtsenthebung wirklich allein von sachfremden Beweggrunde des politischen Verhaltens des Klägers habe leiten lassen. Die Annahmen und Folgerungen, auf denen diese Feststellungen beruhten, waren in sich geschlossen und frei von Widersprüchen.

VI. Im ersten Rechtszug hatte der Beklagte dem Kläger entgegengehalten, daß dieser unterlassen habe, die im kanonischen Recht vorgesehenen Rechtsmittel zu ergreifen, und daß er hiedurch seine etwaigen Ansprüche auf Schadenersatz verwirkt habe. In Betracht kam in dieser Hinsicht gegenüber dem Dekret der Rekurs an den Heiligen Stuhl. Das Landgericht hatte hiezu ausgeführt, daß die Anrufung des päpstlichen Gerichtshofs nach Lage der Sache dem Angeklagten nicht zugemutet werden konnte, weil er Anspruch auf staatlichen Schutz hatte und der Staat die Entscheidung eines außerstaatlichen Gerichts nicht nachprüfen konnte. Im zweiten Rechtszug war der Beklagte auf diesen Einwand nicht mehr zurückgekommen; das Berufungsgericht war darauf auch in seiner Begründung nicht eingegangen. Das Reichsgericht erklärte es hienach für unnötig, sich mit diesem Vorbringen auseinanderzusetzen, da das Revisionsverfahren dem Beklagten keine Möglichkeit bot, seine Verteidigung in dieser Richtung wieder zu ergänzen. (III, 12. November 1941.)

Amtl. Sammlg. S. 143—174.

Vgl. Bd. 99 S. 254; Bd. 106 S. 216; Bd. 113 S. 19; Bd. 125 S. 299; Bd. 126 S. 164; Bd. 135 S. 110; Bd. 138 S. 6; Bd. 142 S. 190; Bd. 146 S. 366; Bd. 147 S. 179; Bd. 154 S. 117; Bd. 158 S. 95; Bd. 159 S. 247; Bd. 164 S. 15.

21. Ehescheidung. Rückwirkung. Ostmark. (EGzBGB. Art. 17; 4. DurchfVOEheG. § 8.) Eine Österreicherin, die einen Italiener geheiratet hatte und dadurch Italienerin geworden war, klagte vor dem österreichischen Gericht, in dessen Bezirk das Ehepaar wohnte, auf Scheidung. In zwei Rechtszügen drang die Klage durch. Das Reichsgericht wies sie ab. Das Urteil des Berufungsgerichts war vor der Einführung des deutschen Eherechts in der Ostmark ergangen und hatte dem damals geltenden Recht entsprochen. Das Revisionsgericht hatte aber auf die Beurteilung der Sache das neue Recht anzuwenden. Es handelte sich dabei um zwingende, aus öffentlichen Rücksichten erlassene Vorschriften, für deren Anwendung oder Nichtanwendung nicht der zufällige Umstand entscheidend sein konnte, wann das Berufungsurteil erging. Die frühere österreichische Rechtsprechung hatte den Grundsatz ausgebildet, daß in Ansehung der Scheidung einer Ehe die Gesetze des Ortes anzuwenden sind, wo auf Scheidung geklagt wird. Nach deutschem Recht sind für die Scheidung einer Ehe die Gesetze des Staates maßgebend, dem der Mann zur Zeit der Klageerhebung angehört; auf Grund eines ausländischen Gesetzes kann aber im Inland auf Scheidung nur erkannt werden, wenn auch die inländischen Gesetze sie gestatten. Dem italienischen Recht ist eine Ehescheidung dem Bande nach fremd; Italien versagt auch einer im Ausland entgegen den italienischen Bestimmungen ausgesprochenen Scheidung italienischer Staatsangehöriger die Anerkennung. Im Revisionsverfahren war auch die Frage aufgeworfen worden, ob die Ehe nach italienischem Recht gültig geschlossen war. Hierauf konnte nicht eingegangen werden, da die Gültigkeit einer Ehe nur auf Grund einer Nichtigkeitsklage untersucht werden kann. (IV, 17. Dezember 1941.) Amtl. Sammlg. S. 175—176.

22. Testamentsvollstrecker. Lebensversicherung. Teilweise Nichtigkeit. (BGB. §§ 139, 332, 2227; TestG. § 48.) Ein Zahnarzt hinterließ bei seinem Tod ein Testament, worin er seine dreijährige Tochter als Erbin seines gesamten Vermögens einschließlich seiner Lebensversicherung einsetzte, seiner Ehefrau aber bis zu einer etwaigen neuen Eheschließung den Nießbrauch an diesem Vermögen einräumte. Als Testamentsvollstrecker benannte er den Ehemann seiner Schwester; diesem übertrug er die Verwaltung des Vermögens seiner Tochter bis zu deren Volljährigkeit. Dem Testamentsvollstrecker und dessen Ehefrau vermachte er ein wertvolles Ölgemälde, ihrem Sohn einen Betrag von 20000 RM, der nach drei Jahren fällig werden sollte, und einen Brillantring. Die Ehefrau und die Tochter klagten gegen den Testamentsvollstrecker und dessen Sohn auf Feststellung der Nichtigkeit des Testaments, soweit der Erstbeklagte als Testamentsvollstrecker bestellt und dem Zweitbeklagten ein Vermächtnis von 20000 RM zugewendet war. Zur Begründung der Klage brachten sie vor, daß der Erstbeklagte ihnen feindselig gegenüberstehe und daß durch das Vermächtnis ihr Unterhalt gefährdet sei; hilfweise beantragte die Ehefrau festzustellen, daß dem Erstbeklagten als Testamentsvollstrecker das Verwaltungsrecht an der ihr ausgezahlten Lebensversicherungssumme von 30000 RM nicht zustehe. Das Berufungsgericht setzte das Vermächtnis auf 10 000 RM herab und gab dem Hilfsantrage statt. Das Reichsgericht wies die Klage ab. Die Vorschrift, daß das Nachlaßgericht einen Testamentsvollstrecker auf Antrag eines Beteiligten entlassen kann, wenn hiefür ein wichtiger Grund vorliegt, stand der Klage auf Feststellung der Nichtigkeit der Einsetzung des Erstbeklagten als Testamentsvollstrecker nicht entgegen. Begründet war die Klage durch den Hinweis auf § 48 TestG., wonach eine Verfügung von Todes wegen nichtig ist, soweit sie in einer dem gesunden Volksempfinden gröblich widersprechenden Weise gegen die Rücksichten verstößt, die ein verantwortungsbewußter Erblasser gegen Familie und Volksgemeinschaft zu nehmen hat. Das Berufungsgericht hatte angenommen, daß die Einsetzung des Erstbeklagten zum Testamentsvollstrecker diese Voraussetzung auch dann nicht erfülle, wenn wirklich zwischen ihm und der klagenden Witwe ein feindseliges Verhältnis bestand. Das Reichsgericht erklärte, daß gegen die Anwendung des § 48 TestG. kein Bedenken bestehe, wenn auch das Testament vor dem Inkrafttreten des Gesetzes errichtet worden war. Wenn das Berufungsgericht entscheidenden Wert darauf gelegt hatte, daß der Erblasser durch die von einem besonderen Vertrauen zu dem Erstbeklagten getragene Anordnung die Sicherung des Nachlasses bis zur Volljährigkeit seiner Tochter sichern zu müssen geglaubt habe und daß aus diesem Grunde die Anordnung trotz dem zwischen der Erstklägerin und dem Erstbeklagten bestehenden feindseligen Verhältnis nicht beanstandet werden könne, bestand keine Möglichkeit, dieser Auffassung entgegenzutreten. Das Amt des Testamentsvollstreckers muß nicht unbedingt von einem Vertrauensverhältnis zwischen ihm und den nach dem Testament bedachten Personen getragen sein. Es beruht auf der Anordnung des Erblassers, dessen Willen der Vollstrecker nötigenfalls auch entgegen den Wünschen und persönlichen Belangen der Erben oder der anderen Beteiligten auszuführen hat. Auf persönliche Gegensätzlichkeiten zwischen ihnen und dem Vollstrecker braucht der Erblasser jedenfalls dann keine Rücksicht zu nehmen, wenn er darauf vertrauen darf, daß sich der Vollstrecker in seiner Amtsführung durch solche Gegensätzlichkeiten nicht in unsachlicher Weise zum Nachteil der Bedachten beeinflussen lassen werde. Daß dieses Vertrauen nach der Persönlichkeit des Erstbeklagten ungerechtfertigt war, hatten die Klägerinnen nicht behauptet; die Besorgnis des Erblassers, daß die Erstklägerin den Nachlaßbestand angreifen werde, hatte das Berufungsgericht bedenkenfrei aus dem Testament selbst entnommen. Das dem Zweitbeklagten zugewendete Vermächtnis von 20000 *RM* in der vom Berufungsgericht für angezeigt erachteten Weise herabzusetzen, fand das Reichsgericht nicht veranlaßt. Die Anwendung des § 48 TestG. war allerdings nicht schon deshalb ausgeschlossen, weil die Klägerinnen durch das Vermächtnis in ihren Plichtteilsrechten nicht verkürzt wurden; doch konnte nicht gesagt werden, daß durch das Vermächtnis das gesunde Volksempfinden gröblich verletzt wurde. Der Nachlaß betrug mit Einschluß der Lebensversicherungssumme rund 130000 *RM*. Wenn der Erblasser von diesem Vermögen, das er allein erworben hatte, dem Sohne seiner Schwester 20000 *RM* vermachte, konnte eine solche Anordnung nur unter ganz besonderen Umständen grob pflichtwidrig erscheinen. Auch wenn zum Zweck der Auszahlung des Vermächtnisses das zum Nachlaß gehörende Grundstück belastet werden mußte, blieb der Lebensunterhalt der Klägerinnen aus den Einkünften des Nachlasses, wenn auch in bescheidenen Grenzen, gesichert. Ohne Bedeutung war, daß die Eltern des Bedachten in guten Einkommensverhältnissen lebten; ander-

seits erklärte das Reichsgericht es für belanglos, ob der Erblasser sich den Eltern des Bedachten gegenüber zum Dank verpflichtet fühlte, weil diese ihm die Vollendung seines Studiums ermöglicht hatten. Die Lebensversicherung war an die Erstklägerin ausbezahlt worden, weil diese in dem Versicherungsschein als bezugsberechtigt bezeichnet war und die Versicherungsgesellschaft von der letztwilligen Verfügung, wonach die Forderung der Tochter des Erblassers zustehen sollte, keine Kenntnis erlangt hatte. Die an sich widerrufliche Bezeichnung der Erstklägerin als Bezugsberechtigte konnte nach den allgemeinen Versicherungsbedingungen nur durch eine der Versicherungsgesellschaft gegenüber abzugebende empfangsbedürftige Willenserklärung geändert werden; § 332 BGB., wonach eine solche Änderung auch durch letztwillige Verfügung erfolgen kann, wird aber durch diese Vorschrift nicht ausgeschaltet. Der Versicherungsgesellschaft entstand durch diese Auslegung kein Nachteil, da sie durch die Zahlung an die ihr benannte Bezugsberechtigte befreit wurde. Demgemäß war durch die letztwillige Verfügung des Erblassers mit dessen Tode die Bezugsberechtigung der Erstklägerin erloschen und der Anspruch auf die Versicherungssumme der Zweitklägerin als Erbin zugefallen. Die ausgezahlte Versicherungssumme gehörte also zum Nachlaß und unterstand damit der Verwaltung des Erstbeklagten als Testamentsvollstreckers. (VII, 22. Dezember 1941.)
Amtl. Sammlg. S. 177—187.

23. **Abstammung. Feststellungsklage. Beweislast.** (BGB. § 1717; ZPO. §§ 256, 448, 622, 640.) Im Jahr 1923 wurde gegen einen Mann Klage auf Anerkennung der Vaterschaft gegenüber einem unehelichen Kinde und auf Leistung von Unterhalt erhoben. Das Versäumnisurteil, das der Klage stattgab, erlangte die Rechtskraft. Im Jahr 1940 klagte der Mann gegen das Kind auf Feststellung, daß es nicht von ihm abstamme. Das Berufungsgericht wies die Klage ab. Das Reichsgericht verwies die Sache zurück. Das rechtskräftige Versäumnisurteil stand der Klage nicht entgegen, weil es nur die sogenannte Zahlvaterschaft des Klägers feststellte, während es sich im gegenwärtigen Rechtsstreit um die Frage handelte, ob der Kläger blutmäßig der Vater der Beklagten sei. Daß der Kläger an dieser Feststellung ein rechtliches

Interesse hatte, hatte das Berufungsgericht mit Recht angenommen; mit Recht hatte es auch die Beweislast dem Kläger auferlegt. Die Feststellung, daß eine blutmäßige Abstammung bestehe oder nicht bestehe, kann das Gericht nur treffen, wenn es sich von der Richtigkeit der Feststellung überzeugt hat; vermag es sich diese Überzeugung auch nach Ausschöpfung der von Amts wegen gebotenen Ermittlungen nicht zu verschaffen, so muß es die Klage abweisen. Es geht mithin zu Lasten des Klägers, wenn er dem Gericht die für dessen Überzeugung erforderlichen Unterlagen nicht zu verschaffen vermag. Im vorliegenden Falle konnte der Kläger den ihm obliegenden Beweis auf verschiedene Weise führen. Er könnte den Nachweis erbringen, daß er innerhalb der Empfängniszeit der Mutter nicht beigewohnt hatte; er konnte nachweisen, daß während dieser Zeit auch ein anderer Mann der Mutter beigewohnt hatte und daß das Kind von diesem abstamme, oder daß doch seine Beiwohnung nicht zur Empfängnis geführt habe. Zu diesem Zweck konnte er sich der Blutgruppenuntersuchung oder der erbbiologischen Begutachtung bedienen. Im Unterhaltsstreit hatte der Kläger zugegeben, mit der Mutter des Kindes während der Empfängniszeit verkehrt zu haben; einen anderen Mann, der mit ihr während dieser Zeit verkehrt hatte, konnte er nicht angeben. Die schon damals vorgenommene Blutgruppenuntersuchung hatte ihn als Vater nicht ausgeschlossen. Für seine jetzige Klage hatte er nur angeführt, daß die Beklagte bei ihrer Geburt voll ausgetragen war, während die von ihm zugegebene Beiwohnung nur acht Monate vor der Geburt stattgefunden hatte; außerdem hatte er um Erholung eines erbbiologischen Gutachtens nachgesucht. Das Berufungsgericht hatte dieses Ersuchen abgelehnt, weil es annahm, daß durch ein solches Gutachten die Vaterschaft des Klägers nicht ausgeschlossen werden könne. Wenn es aber auch nur in verhältnismäßig wenigen Fällen möglich ist, einen Mann durch erbbiologisches Gutachten als Erzeuger eines Kindes auszuschließen, war das doch kein Grund, den Versuch hiezu abzulehnen und damit auf eine Möglichkeit, die gebotene Aufklärung herbeizuführen, zu verzichten. Es war immerhin möglich, daß das Gutachten mit mehr oder minder großer Wahrscheinlichkeit gegen die Vaterschaft des Klägers sprach und daher entweder die Aussage der Kindsmutter oder die Angaben des Klägers so weit unterstützte, daß diese, gegebenenfalls nach eidlicher Bekräftigung, dem Gericht die volle Überzeugung zu vermitteln vermochten. (IV, 7. Januar 1942.) Amtl. Sammlg. S. 187—192.

Vgl. Bd. 165 S. 186.

24. **Strafregister. Auskunft. Amtspflichtverletzung. Unzulässige Rechtsausübung.** (StrTilgG. § 4; VO. vom 17. November 1939; BGB. § 839; WeimVerf. Art. 131.) Durch ein Urteil des Schwurgerichts K. wurde im Jahre 1910 wegen Urkundenfälschung und Betrug eine Gefängnisstrafe von 9 Monaten ausgesprochen. Im Jahr 1917 wurde die Strafe im Strafregister gelöscht. Der Verurteilte trat im Jahr 1928 der NSDAP. als Mitglied bei und gelangte bei ihr bald an führende Stelle; nach der Machtergreifung wurde er als Senator Mitglied des Magistrats der Stadt W., in der er wohnte. Im Juni 1933 wurde er durch einen Beschluß des zuständigen Amtsgerichts zum Notgeschäftsführer eines Gaswerks bestellt. Im Oktober 1933 erhielt die Polizeiverwaltung in W. eine Mitteilung des Polizeipräsidenten in K. von der Verurteilung und der Löschung der Strafe im Strafregister; diese Mitteilung gelangte auch zur Kenntnis von Mitgliedern der Stadtverwaltung sowie des Gauleiters. Das Amtsgericht verfügte daraufhin die Enthebung des Verurteilten von seinem Posten als Notgeschäftsführer des Gaswerks. Er klagte gegen das Deutsche Reich und das Land Preußen auf Schadenersatz wegen Amtspflichtverletzung des Polizeipräsidenten in K., der Beamten der Polizeiverwaltung in W. und des Amtsrichters. Das Landgericht wies die Klage ab. Das Berufungsgericht gab ihr in der Richtung gegen das Land Preußen teilweise statt. Die Revision beider Parteien führte zur Zurückverweisung der Sache. Zur Nachprüfung stand nur der gegen das Land Preußen gerichtete Anspruch. Mit Recht hatte das Berufungsgericht angenommen, daß der Polizeipräsident in K. durch seine Mitteilung an die Polizeiverwaltung in W. eine Amtspflichtverletzung begangen hatte. Nachdem die Verurteilung des Klägers im Jahr 1917 im Strafregister gelöscht worden war, durfte vom Inkrafttreten des Gesetzes über die beschränkte Auskunft aus dem Strafregister und die Til-

gung von Strafvermerken vom 9. April 1920 an über die Verurteilung nur beschränkte Auskunft erteilt werden; von dem Tag, an dem die Löschung angeordnet war, lief die zehnjährige Frist für die Tilgung des Strafvermerks. Diese war demnach im Jahr 1927 abgelaufen. Es war Pflicht des Polizeipräsidenten, ehe er über die Verurteilung Mitteilung an die Polizeiverwaltung in W. machte, nachzuprüfen, ob nicht für die weit zurückliegende Verurteilung des Klägers die Voraussetzung der Tilgung des Strafvermerks vorlag, und, wenn das zutraf, die Tilgung auch in der polizeilichen Liste vorzunehmen. Ein pflichtmäßiges Verfahren hätte eine Mitteilung ausgeschlossen, da die Polizeiverwaltung in W. nicht zu den Behörden zählte, denen Auskunft zu erteilen war. Für die Amtspflichtverletzung hatte das Land Preußen einzutreten. In der Bekanntgabe der Mitteilung an Mitglieder der Stadtverwaltung W. war gleichfalls eine schuldhafte Amtspflichtverletzung gegenüber dem Kläger zu erblicken, die eine Haftung des Landes Preußen für den dem Kläger daraus entstandenen Schaden begründete. Das Berufungsgericht hatte trotzdem einen Schadenersatzanspruch des Klägers wegen des Verlustes seiner Stellung als Notgeschäftsführer des Gaswerks nicht anerkannt mit der Begründung, daß der Kläger die Stellung auch dann verloren hätte, wenn er dem Gauleiter als seinem politischen Vorgesetzten auf die an ihn gerichtete Frage seine Verurteilung bekannt gegeben hätte; es wurde hienach nicht nur der ursächliche Zusammenhang zwischen den Amtspflichtverletzungen der Polizeibehörden und der Entlassung des Klägers aus seiner Stellung vermißt, sondern in dem Verschweigen der Verurteilung gegenüber dem Gauleiter auch ein Verstoß gegen Treu und Glauben erblickt, der das Verlangen des Klägers auf Schadenersatz als unzulässige Rechtsausübung erscheinen ließ. Das Reichsgericht erklärte, dieser Rechtsauffassung nicht folgen zu können. Die Überzeugung, daß der Verurteilte, wenn der Vermerk über seine Verurteilung im Strafregister getilgt ist, das Recht haben müsse, jede Auskunft über die Bestrafung zu verweigern und sich insoweit als unbestraft zu bezeichnen, hat durch die nationalsozialistische Bewegung allgemeine Geltung erlangt und durch die Verordnung vom 17. November 1939 gesetzlichen Ausdruck gefunden.

Hievon gegenüber der Partei eine Ausnahme zu machen, würde mit dieser Rechtsüberzeugung unvereinbar sein. Wenn der Kläger in Ausübung dieses Rechtes handelte, konnte ihn hiewegen kein Vorwurf treffen. (III, 3. Oktober 1941.) Amtl. Sammlg. S. 193—204.

25. **Willenserklärung. Mangelnde Ernstlichkeit.** (BGB. § 118.) Zwischen einer Aktiengesellschaft, die ein Gaswerk betrieb, und einer Stadt wurde im Jahre 1910 ein Vertrag über die Lieferung von Gas abgeschlossen. Im Jahre 1931 wurde der Vertrag neu gefaßt. Nach der neuen wie nach der früheren Fassung war die untere Grenze des Heizwertes auf 4900 Wärmeeinheiten bei 760 mm Barometerstand und 15° C festgelegt. Die Aktiengesellschaft behauptete, zwischen ihr und dem Vertreter der Stadt, mit dem sie verhandelte, habe Übereinstimmung bestanden, daß sie nur Gas mit einem Heizwert von 4900 Wärmeinheiten bei 760 mm Barometerstand und 0° C zu liefern brauche; daß dies nicht in den Vertrag aufgenommen worden sei, habe seinen Grund darin gehabt, daß andernfalls Schwierigkeiten mit der Stadtverordnetenversammlung befürchtet wurden. Die Klage der Aktiengesellschaft auf Zahlung eines Betrags, den die Stadt wegen vertragswidriger Lieferung einbehalten hatte, wurde in allen Rechtszügen abgewiesen. Die Entscheidung hing davon ab, ob das beurkundete Geschäft als Scheingeschäft angesehen war. Es konnte dahingestellt bleiben, ob hiefür ausreichte, wenn die Klägerin annahm, der Vertreter der Stadt habe die mangelnde Ernstlichkeit der beurkundeten Erklärung gekannt, oder ob die Klägerin nicht hätte behaupten und beweisen müssen, daß das auch für den Oberbürgermeister der Stadt zutraf, der für die Stadt den Vertrag mitunterzeichnete. Wenn sich die Klägerin in der hier in Frage stehenden Erwartung irrte, erforderten es Treu und Glauben und die Bedürfnisse des redlichen Geschäftsverkehrs, ihr die Berufung auf den Mangel der Ernstlichkeit zu versagen. Die Herstellung einer Vertragsurkunde hat den Zweck, das, was vereinbart worden ist, wahr und klar zu bezeugen. Jede bewußte Falschbeurkundung kann nur irgendwelchen Täuschungszwecken dienen und ist daher verwerflich. Das gilt auch, wenn sie im Einzelfalle keinen unlauteren Beweggründen entspringt. Die Herstellung einer Urkunde mit einem ganz

oder teilweise falschen Inhalt kann besonders dann Anlaß zur Rechtsverwirrung und Störung des Rechtsfriedens geben, wenn sie sich auf langfristige Rechtsverhältnisse juristischer Personen bezieht, deren Vertretung nicht immer, jedenfalls nicht auf die Dauer, in den gleichen Händen verbleibt. Der Vertragschließende, der in solchen Fällen dem anderen Teil fälschlicherweise unterstellt, dieser wolle die urkundliche Form zu Täuschungszwecken mißbrauchen, trägt, wenn der andere Teil den Mangel der Ernstlichkeit nicht erkennt, die Gefahr seines Irrtums und muß die Urkunde so, wie sie lautet, gegen sich gelten lassen. (II, 24. November 1941.) Amtl. Sammlg. S. 204—206.

26. **Krankenkasse. Eingriff. Arzthaftung. Drohung.** (BGB. §§ 276, 611, 823; RVO. § 182.) Ein Arbeiter, der bei einer Krankenkasse versichert war, wurde wegen einer Krampfadererkrankung in ein Krankenhaus aufgenommen. Der leitende Arzt des Krankenhauses war eine Woche lang abwesend und wurde von einem anderen Arzt vertreten. Dieser empfahl dem Kranken die Behandlung der Krampfadern durch Verödung. Da der Kranke dagegen Bedenken hatte, erklärte er ihm, im Falle der Verweigerung werde er ihn durch die Krankenkasse „aufholen" lassen. Darauf willigte der Kranke in die Behandlung ein. Schon am Tag nach der Einspritzung trat Schüttelfrost und hohes Fieber ein; es entwickelte sich eine schwere Blutvergiftung, die eine längere Behandlung notwendig machte. Die Klage gegen den Arzt auf Schadenersatz und Schmerzensgeld wurde in zwei Rechtszügen als gerechtfertigt anerkannt. Das Reichsgericht verwies die Sache zurück. Der Vertreter eines Arztes, der bei der Behandlung eines Kranken aus der Praxis des vertretenen Arztes die allgemeinen ärztlichen Pflichten verletzt, haftet selbst für den entstandenen Schaden im Rahmen der Vorschriften über unerlaubte Handlung. Dem Beklagten war die Verletzung ärztlicher Kunstregeln und die Unterlassung rechtzeitiger Nachbehandlung zum Vorwurf gemacht; unabhängig davon war aber die Klage auch darauf gestützt, daß der Beklagte die Behandlung ohne Einwilligung des Klägers vorgenommen habe. Ohne Rechtsirrtum hatte das Berufungsgericht angenommen, daß ein ärztlicher Eingriff, auch wenn er kunstgerecht durchgeführt wird, ohne eine rechtlich wirksame Einwilligung des Kranken

oder seines gesetzlichen Vertreters, abgesehen von besonderen Fällen, eine Verletzung des Rechtes des Kranken auf körperliche Unversehrtheit darstellt. Ein uneingeschränktes Behandlungsrecht des Arztes und eine entsprechende Duldungspflicht des Kranken anzunehmen, würde dem heutigen gesunden Volksempfinden nicht gerecht werden. Dem Eingriff ohne Einwilligung ist der Fall gleichzustellen, daß eine Einwilligung durch arglistige Täuschung oder widerrechtliche Drohung herbeigeführt worden ist; es genügt, wenn die Einwilligung des Kranken, dem Arzt erkennbar, auf ein Verhalten des Arztes zurückzuführen ist, in dem der Kranke, auch ohne Absicht des Arztes, eine Bedrohung erblickt hat. Das gilt auch gegenüber Kranken, die der gesetzlichen Krankenversicherung unterliegen. Allerdings sind diese Kranken zur Mitwirkung bei der Herbeiführung des geplanten Heilerfolges verpflichtet. Die Verpflichtung geht aber nicht so weit, daß operative Maßnahmen geduldet werden müßten, die in den Bestand oder die Unversehrtheit des Körpers eingreifen. Ob ein ärztlicher Eingriff hierunter fällt, ist Tatfrage. Das Reichsversicherungsamt hat die Entnahme von Rückenmarksflüssigkeit als eine solche Maßnahme angesehen und das Weigerungsrecht des Kranken anerkannt. Das Berufungsgericht hatte zu der Frage nicht Stellung genommen, ob die Krankenkasse berechtigt gewesen wäre, bei einer Verweigerung der Verödungsbehandlung durch den Kläger die weiteren Kassenleistungen einzustellen. In diesem Falle wäre der Hinweis des Beklagten auf den Fortfall der Kassenleistungen nicht rechtswidrig gewesen. Der Beklagte hatte aber weiter eingewendet, daß er mit dem gebrauchten Ausdruck nur auf eine von der Krankenkasse zu veranlassende vertrauensärztliche Untersuchung habe hinweisen wollen; auch hierin wäre eine rechtswidrige Drohung nicht zu erblicken gewesen. Es fehlte auch eine Feststellung, ob der Beklagte sich bewußt war, daß seine Äußerung geeignet sei, den Kläger unzulässigerweise in seiner Willensentschließung zu beeinflussen. Zu berücksichtigen war auch, daß der Beklagte als Kassenarzt gegenüber der Krankenkasse verpflichtet war, auf den Kläger in geeigneter Weise einzuwirken, damit dieser zu seinem Teil mithalf, den erstrebten Heilerfolg herbeizuführen. Wenn das Berufungsgericht in der neuen Verhandlung zu dem Ergebnis kam, daß eine widerrechtliche Drohung nicht vorlag, war zu prüfen, ob der Beklagte dem Kläger eine hinlängliche Belehrung über die Tragweite der von ihm beabsichtigten Behandlung erteilt hatte. Der Arzt ist grundsätzlich verpflichtet, bevor er einen Kranken um die Einwilligung zu einer bestimmten Behandlung befragt, die mit besonderen Gefahren für die Gesundheit verbunden ist, ihn darüber zu unterrichten. Wieweit im Einzelfalle eine solche Belehrung geboten ist, ist Tatfrage. Es ist dabei zu berücksichtigen, daß eine allzu eingehende Belehrung unter Umständen den beabsichtigten Heilerfolg beeinträchtigen kann. Eine Einwilligung, die von dem Kranken zufolge unzureichender Aufklärung erteilt wird, kann den Eingriff nicht rechtfertigen. Den ursächlichen Zusammenhang zwischen der Verödungsbehandlung und dem vom Kläger geltend gemachten Schaden hatte das Berufungsgericht rechtsirrtumfrei angenommen. (III, 3. Dezember 1941.) Amtl. Sammlg. S. 206—214. Vgl. Bd. 104 S. 79; Bd. 108 S. 102; Bd. 151 S. 349; Bd. 163 S. 129.

27. **Amtspflichtverletzung. Verwaltungsstreitverfahren. Verjährung.** (BGB. §§ 203, 852.) Dem Inhaber eines Schuhwarengeschäfts wurde gemäß dem Gesetz zum Schutze des Einzelhandels die Genehmigung erteilt, das Geschäft in eine andere Straße zu verlegen. Auf Grund der Annahme, daß er die Zusicherungen, die er zum Zweck der Erlangung der Genehmigung gegeben hatte, nicht eingehalten habe, verfügte die Ortspolizeibehörde am 21. Oktober 1935 die Schließung des Geschäfts. Der Regierungspräsident wies die Beschwerde am 29. Oktober zurück. Die Klage im Verwaltungsstreitverfahren wurde vom Vorsitzenden des Bezirksverwaltungsgerichts am 19. Dezember 1935 abgewiesen. Am 27. Januar 1936 wurde das Geschäft zwangsweise geschlossen. Das Oberverwaltungsgericht hob am 16. April 1936 den Bescheid des Bezirksverwaltungsgerichts auf und verwies die Sache an das Bezirksverwaltungsgericht zurück. Am 4. August 1936 hob die Ortspolizeibehörde die Schließungsverfügung vom 21. Oktober 1935 auf, erließ aber gleichzeitig eine neue Schließungsverfügung mit der Begründung, daß die Genehmigung zur Verlegung des Geschäfts zurückgenommen worden sei; das war am 6. November 1935 geschehen.

Das Bezirksverwaltungsgericht erklärte daraufhin am 4. September 1936 das Verwaltungsstreitverfahren für erledigt; die Kosten wurden dem Regierungspräsidenten auferlegt. Inzwischen war gegen die zweite Schließungsverfügung Beschwerde eingelegt worden; sie wurde durch den Regierungspräsidenten am 24. Oktober zurückgewiesen. Auf die im Verwaltungsstreitverfahren anhängig gemachte Klage wurde am 2. Dezember 1936 die zweite Schließungsverfügung und der Beschwerdebescheid des Regierungspräsidenten aufgehoben; die Kosten wurden dem Regierungspräsidenten auferlegt. Um eine Klage auf Schadenersatz erheben zu können, wurde am 8. März 1937 an das Landgericht ein Armenrechtsgesuch eingereicht; dieses wurde am 18. März 1937 zurückgewiesen. Am 18. Februar 1939 wurde gegen diesen Beschluß Beschwerde eingelegt; darauf wurde am 5. Mai 1939 das Armenrecht bewilligt. Am 7. Juni 1939 wurde Klage gegen die Stadt und gegen das Land Preußen wegen fahrlässiger Amtspflichtverletzung der städtischen Beamten und des Regierungspräsidenten erhoben. In zwei Rechtszügen wurde die Klage abgewiesen. Das Reichsgericht verwies die Sache zurück. Sowohl die Anordnungen der Ortspolizeibehörde als auch die Bescheide des Regierungspräsidenten lagen auf dem Gebiete der öffentlichen Gewaltausübung; sofern in ihnen Amtspflichtverletzungen zu finden waren, traf die Haftung an Stelle der Beamten die öffentliche Körperschaft, in deren Dienst sie standen. Wessen Hoheitsrecht sie ausgeübt hatten, war ohne Belang; wenn auch der Bürgermeister der beklagten Stadt als polizeiliche Dienststelle, also in Ausübung staatlicher Hoheitsrechte, tätig geworden war, hatte er das doch als Beamter der Stadt getan. Das Berufungsgericht hatte ausgeführt, daß durch die Schließung des Geschäfts dem Kläger Schaden entstanden war, daß die Anordnung ungesetzlich war und daß also sowohl bei dem Bürgermeister als bei dem Regierungspräsidenten fahrlässige Amtspflichtverletzung vorliege; ein Ausschluß der Ersatzpflicht kam nicht in Frage, da der Kläger gegen die schädigende Amtshandlung alle ihm zu Gebote stehenden Rechtsmittel ergriffen hatte. Die Abweisung der Klage hatte das Berufungsgericht auf Verjährung gestützt. Es hatte angenommen, daß die schadenstiftende Handlung mit der Schließung des Geschäfts des Klägers, also mit dem 27. Januar 1936, abgeschlossen gewesen sei, und hatte von diesem Tag an die dreijährige Frist des § 852 BGB. berechnet. Das Reichsgericht stellte hierüber folgende Grundsätze auf: Die dreijährige Verjährung beginnt in dem Augenblick, in dem der Verletzte von dem Schaden und der Person des Ersatzpflichtigen Kenntnis erhält; diese Kenntnis ist vorhanden, wenn der Geschädigte auf Grund der ihm bekannten Tatsachen gegen eine bestimmte Person eine Schadenersatzklage, sei es auch nur eine Feststellungsklage, mit einigermaßen sicherer Aussicht auf Erfolg erheben kann. Die Revision hatte eingewendet, daß der Kläger so lange keine Klage habe stellen können, als er seine Verpflichtung, die zulässigen Rechtsmittel einzulegen und durchzuführen, nicht erfüllt gehabt habe; das sei bis zum 7. Juni 1936 nicht geschehen gewesen. Das ging über das rechte Ziel hinaus, zumal es sich um einen Schaden handelte, dessen Eintritt durch die Beseitigung des angegriffenen Verwaltungsaktes nicht mehr abgewendet werden konnte; in einem solchen Falle steht die Möglichkeit, noch Rechtsmittel einzulegen, der Erhebung der Klage nicht entgegen. Richtig war die Auffassung des Berufungsgerichts, daß die schadenstiftende Handlung selbst mit der Durchführung der Schließung des Geschäfts am 27. Januar 1936 abgeschlossen war; es fehlte aber noch das Entscheidende, nämlich die Kenntnis des Klägers, daß die Schließung widerrechtlich und schuldhaft und infolgedessen eine zum Schadenersatz verpflichtende Amtspflichtverletzung sei; auch eine solche Kenntnis des Verletzten oder jedenfalls eine ausreichende Möglichkeit ihrer Verschaffung muß gefordert werden, weil ohne sie die Erhebung einer Klage sinnlos wäre. Wann diese Erkenntnis genügend gesichert ist, kann nur von Fall zu Fall beurteilt werden. Es genügte hiefür nicht, daß der Kläger diese Auffassung den Verwaltungsbehörden gegenüber tatkräftig vertrat; auch das Urteil des Oberverwaltungsgerichts vom 16. April 1936 genügte nicht zu seiner Aufklärung, da dieses die Sache zu neuer Verhandlung zurückverwies. Jedenfalls reichten die Ausführungen des Berufungsgerichts nicht für den Nachweis, daß der Kläger, bevor am 4. August 1936 die Schließungsverfügung vom 21. Oktober 1935 durch die Polizeibehörde selbst aufgehoben wurde, die Sach- und Rechtslage hinreichend übersah, um das Vorliegen sämtlicher Merkmale des äußeren und inneren Tatbestandes des § 839 BGB. mit Sicherheit zu erkennen. Falls das Berufungsgericht dazu kam, einen früheren Zeitpunkt als maßgebend anzusehen, war auch zu prüfen, ob nicht durch die verzögerliche Behandlung des Armenrechtsgesuches, die als höhere Gewalt zu bewerten war, eine Hemmung der Verjährung bewirkt worden war. (III, 19. Dezember 1941.)

Amtl. Samml. S. 214--225.
Vgl. Bd. 125 S. 11; Bd. 126 S. 81; Bd. 158 S. 95;
Bd. 157 S. 14.

28. **Restitutionsklage. Abtretung der Forderung.** (ZPO. §§ 580, 586, 587, 588, 589.) Eine eingeklagte Forderung wurde während des Rechtsstreits zum Teil abgetreten. Der verurteilte Beklagte erhob gegen den früheren Kläger Restitutionsklage; der Abtretungsempfänger trat dem Restitutionsbeklagten als Streitgehilfe bei. Die Frage, ob die Klage, soweit eine Abtretung stattgefunden hatte, gegen den Abtretungsempfänger hätte gerichtet werden müssen, wurde vom Reichsgericht verneint. Die entgegengesetzte Auffassung führte dazu, daß, wenn eine Forderung in Teilbeträgen an verschiedene Erwerber abgetreten worden wäre, gegen die einzelnen Erwerber geklagt werden müßte, anstatt daß die Klage gegenüber der Partei erhoben werden könnte, die beim Erlaß des angefochtenen Urteils dem Restitutionskläger gegenüberstand; dieser hat unter Umständen von den Abtretungen gar keine Kenntnis und kann sich eine solche auch nur schwer verschaffen. Alledem ist vorgebeugt, wenn nicht der Abtretungsempfänger, sondern der Abtretende als der richtige Beklagte angesehen wird. Eine solche Lösung ist mit dem Gesetz durchaus vereinbar; sie ist rechtspolitisch geboten und entspricht allein den praktischen Bedürfnissen. Im Verlauf der Klage war ein neuer Restitutionsgrund geltend gemacht worden. Das Reichsgericht erklärte das für zulässig, gleichviel, ob der neu vorgebrachte Grund schon vor der Erhebung der Klage oder erst nachher entstanden war. Die Notfrist von einem Monat ist in solchen Fällen für die Zeit der Erhebung der Restitutionsklage zu berechnen; wegen Versäumung der Frist scheiden nur jene Restitutionsgründe aus, für welche die Frist schon bei Erhebung der Klage abgelaufen war. Die Frage, ob auch Restitutionsgründe noch angebracht

werden können, die erst fünf Jahre nach der Rechtskraft des angefochtenen Urteils entstanden sind, ist früher vom Reichsgericht verneint worden; für den vorliegenden Fall brauchte sie nicht entschieden zu werden. Eine Klageänderung ist im Nachbringen eines neuen Anfechtungsgrundes nicht zu erblicken, da die Angabe der Anfechtungsgründe in der Klage nicht vorgeschrieben ist. (II, 22. Dezember 1941.) Amtl. Sammlg. S. 225—231. Vgl. Bd. 8 S. 394; Bd. 64 S. 224; Bd. 82 S. 268.

29. **Amtspflichtverletzung. Soldat. Vorgesetzter** (Weim. Verf. Art. 131; BGB. § 839.) Ein Feldwebel, der ein Kleinkaliberschießen geleitet hatte, nahm das Gewehr und einige übrig gebliebene Patronen mit auf seine Stube in der Kaserne, lehnte das Gewehr an die Wand und legte die Patronen in einer offenen Schachtel daneben auf den Tisch; dann verließ er die Stube und schloß sie ab. Ein Unteroffizier, der ebenfalls einen Schlüssel zu der Stube hatte, ging mit Erlaubnis des Feldwebels in diese, um sich eine Bratpfanne zu holen. Er nahm das Gewehr und die Patronen an sich und gab von einem Fenster des Ganges mehrere Schüsse auf Spatzen ab, die etwa 80 m von der Kaserne entfernt auf einem Scheunendach saßen. Etwa 100 m hinter der Scheune führte ein von der Kaserne aus nicht sichtbarer Weg über das Feld. Eines der Geschosse ging über die Scheune weg und traf eine auf dem Weg gehende Frau. Sie klagte mit Erfolg gegen das Deutsche Reich auf Schadenersatz. Das Berufungsgericht hatte eine Amtspflichtverletzung sowohl auf Seite des Feldwebels als auch auf Seite des Unteroffiziers angenommen. Dieser Auffassung trat das Reichsgericht nicht bei. Der Umstand allein, daß der Unteroffizier sich zur Zeit der Abgabe des Schusses nicht im Dienste befand, schloß allerdings das Vorliegen einer Amtspflichtverletzung nicht aus; immer aber muß zwischen der Handlung oder Unterlassung des Beamten (Soldaten) und seinen hoheitlichen Aufgaben oder Befugnissen in irgendeiner Weise ein innerer Zusammenhang bestehen. Ein solcher fehlte hier, da dem Unteroffizier das Gewehr und die Patronen zu keinem Dienst übergeben worden waren und er auch keine dienstliche Verpflichtung zu ihrer Verwahrung hatte. Aus seiner Eigenschaft als Vorgesetzter ließ sich eine solche Verpflichtung nicht ableiten. Die Ver-

pflichtung eines militärischen Vorgesetzten, seine Untergebenen vom unbefugten Gebrauch militärischer Machtmittel abzuhalten und damit dritte Personen vor den gefährlichen Folgen solchen Gebrauchs zu schützen, fließt allerdings aus der öffentlichen Gewalt, die ihm mit der Bestellung zum Vorgesetzten gegenüber den Untergebenen vom öffentlichen Dienstherrn übertragen worden ist; damit wird aber nicht jede Dienstverfehlung eines militärischen Vorgesetzten zu einer Amtspflichtverletzung. Anders lag die Sache bei dem Feldwebel. Diesem waren das Gewehr und die Munition zum Zwecke der Schießausbildung der Soldaten übergeben worden; die ihm damit anvertraute öffentliche Gewalt schloß die Verpflichtung zur Obhut über die Waffe und die Munition nach Beendigung des Schießdienstes in sich ein. Nach allgemeiner Anordnung oder Übung hätte das Gewehr und die Munition dem Schießunteroffizier zurückgegeben werden sollen; der Umstand, daß das Schießen am nächsten Tag fortgesetzt werden sollte, rechtfertigte keine Ausnahme. Durch die Ablieferung sollte auch ein dritte Personen gefährdender außerdienstlicher Gebrauch der Waffe verhindert werden; die Ablieferungspflicht lag daher dem Feldwebel auch gegenüber der Klägerin ob. Durch ihre Verletzung hatte er die unbefugte Benutzung der Waffe durch den Unteroffizier ermöglicht und dadurch die Verletzung der Klägerin mitverursacht. Er konnte diese Gefahr nicht schon dadurch als beseitigt ansehen, daß er die Stube, in der er die Waffe und die Munition niedergelegt hatte, hinter sich abschloß; außer ihm besaßen, wie er wußte, auch andere Personen den Schlüssel, und dem Unteroffizier hatte er das Betreten der Stube in seiner Abwesenheit ausdrücklich erlaubt. Der ursächliche Zusammenhang zwischen der Abgabe des Schusses und der Verletzung der Klägerin sowie das Verschulden des Unteroffiziers waren vom Berufungsgericht mit Recht bejaht worden. Daß das Geschoß über die Scheune wegging und auf dem Abstieg eine hinter der Scheune befindliche Person traf, lag keineswegs außerhalb jedes Erfahrungsbereichs; dem durch seine militärische Ausbildung mit der Waffenwirkung vertrauten Unteroffizier konnte die Gefährlichkeit seines Verhaltens nicht entgehen. Da nur Fahrlässigkeit vorlag, haftete das Reich nicht, wenn die Klägerin von dem Unteroffizier

Ersatz des Schadens erlangen konnte. Das war nicht behauptet. (III, 23. Dezember 1941.)

Amtl. Sammlg. S. 231—236.

Vgl. Bd. 104 S. 230; Bd. 155 S. 362; JW. 1932 S. 467.

30. Berufung. Nachweisfrist. Zeitraumfrist. Endtagsfrist. Zahlungsnachweis. (ZPO. § 519.) Gegen ein Urteil des Landgerichts legte der Beklagte am 7. Juni 1941 rechtzeitig Berufung ein. Vorher hatte er zwei Gesuche um das Armenrecht gestellt; das eine war am 10. Mai 1941 wegen Aussichtslosigkeit der Rechtsverfolgung abgelehnt worden, das zweite war zur Zeit der Einlegung der Berufung noch nicht verbeschieden. Durch Verfügung vom 19. Juni 1941, zugestellt am 27. Juni 1941, wurde dem Beklagten zum Nachweis der Zahlung der Prozeßgebühr eine Frist bis zum 7. Juli 1941 gesetzt; die Frist wurde wiederholt, zuletzt bis zum 6. September 1941, verlängert. Durch Beschluß vom 27. August 1941, zugestellt am 6. September 1941, wurde das Armenrecht neuerdings verweigert; die Nachweisfrist wurde bis zum 15. Oktober 1941 verlängert. Ein drittes Gesuch um das Armenrecht wurde am 15. Oktober 1941 abgewiesen. Am 14. Oktober 1941 reichte der Beklagte bei der Geschäftsstelle des Berufungsgerichts einen Verrechnungsscheck auf die von ihm angeforderte Summe ein. Der Betrag wurde von der Bank am 15. Oktober 1941 gutgeschrieben; die Nachricht hievon ging bei der Oberjustizkasse am 16., bei der Geschäftsstelle des Berufungsgerichts am 17. Oktober 1941 ein. Die Berufung wurde als unzulässig verworfen. Die sofortige Beschwerde hatte Erfolg. Das Berufungsgericht hatte angenommen, daß die Frist, die vor der Entscheidung über das zweite Armenrechtsgesuch mit Verfügung vom 19. Juni 1941 bis zum 7. Juli 1941 gesetzt worden war, infolge der durch das Armenrechtsgesuch bewirkten Fristhemmung als eine Zeitraumfrist anzusehen sei, deren Dauer vom Tag der Zustellung der Fristverfügung (27. Juni 1941) bis zum Endtag der gesetzten Frist (7. Juli 1941) zu berechnen sei, 10 Tage betragen habe und demgemäß nach Beendigung der Hemmung (zwei Wochen nach der am 6. September 1941 ausgeführten Zustellung des Beschlusses auf Abweisung des zweiten Armenrechtsgesuchs) am 30. September 1941 abgelaufen sei, so daß der Fristverlängerung bis zum 15. Oktober 1941 keine Bedeutung mehr zukomme. Dieser Auffassung trat das Reichsgericht nicht bei. Die Umwandlung einer Endtagsfrist in eine Zeitraumfrist kommt nur dann in Betracht, wenn ein fristhemmendes Armenrechtsgesuch während des Fristablaufs eingeht. Wird eine Endtagsfrist gesetzt, nachdem ein solches Gesuch eingereicht ist, so ist das zwar nicht unzulässig; der Fristsetzung kann aber eine Bedeutung nur zukommen, wenn der Endtermin so weit über die Zustellung des das Armenrecht ablehnenden Beschlusses hinausreicht, daß auch nach Ablauf von weiteren zwei Wochen genügend Raum für die Zahlung bleibt. Die Nachweisfrist lief also bis zum 15. Oktober 1941. Bis zu diesem Tag war allerdings der Nachweis der Zahlung nicht erbracht worden. Das Reichsgericht hat aber schon wiederholt die glaubhafte Mitteilung einer bewirkten Posteinzahlung als ausreichend angesehen, sofern aus ihr sich der Betrag, der Tag der Überweisung und die genaue Bezeichnung des Empfängers ergeben. Dem ist die Einreichung eines Verrechnungsschecks gleichzusetzen, falls bei ordnungsmäßigem Geschäftsgang mit seiner Einlösung durch Gutschrift vor Fristablauf zu rechnen ist und die Gutschrift dann auch noch rechtzeitig vorgenommen wird. So lag die Sache im gegebenen Fall. (II, 12. Januar 1942.)

Amtl. Sammlg. S. 236—240.

Vgl. Bd. 110 S. 402; Bd. 117 S. 136; Bd. 120 S. 143; Bd. 143 S. 99; JW. 1926 S. 1563, 2630; 1928 S. 1859.

31. **Fremdwährungsschuld. Wahlrecht.** (BGB. §§ 244, 262, 607; RG. vom 26. Juni 1936; VO. vom 5. Dezember 1936.) Eine englische Gesellschaft gewährte einer deutschen Gesellschaft im Jahr 1925 ein Darlehen. In der hierüber aufgenommenen notarischen Urkunde war der Betrag des Darlehens mit 6000 Pfund Sterling angegeben und beigefügt, dieser Betrag entspreche einer Summe von 121 884 *RM*, die Reichsmark zu $^1/_{2790}$ Kilo Feingold gerechnet. Die deutsche Gesellschaft erklärte, den Betrag von 121 884 *RM* als Darlehen erhalten zu haben; sie verpflichtete sich, diesen Betrag mit 8% zu verzinsen. Sowohl die Zinsen als das Kapital sollten in englischer Währung bezahlt werden. Für das Darlehen wurde eine Hypothek bestellt; in dieser wurde der Betrag des Darlehens mit 121 884 *RM* gleich 43 $^{6860}/_{10000}$ Kilo Feingold angegeben. Die deutsche Gesellschaft wollte das Dar-

lehen, um den Grundbesitz für andere Zwecke freizubekommen, vorzeitig heimzahlen; die englische Gesellschaft erklärte sich damit einverstanden. Über die Höhe des zurückzuzahlenden Betrags entstand Streit. Die deutsche Gesellschaft vertrat die Auffassung, sie brauche nur den Wert von 6000 Pfund Sterling nebst einem der Kündigung angepaßten Zinsbetrage zum Tageskurs zu zahlen, während die englische Gesellschaft Zahlung in Höhe des vollen Reichsmarkbetrags verlangte. Die Feststellungsklage der deutschen Gesellschaft wurde vom Landgericht abgewiesen; die von ihr eingelegte Sprungrevision blieb erfolglos. Die Anwendung deutschen Rechts stand ersichtlich mit dem sich aus der Sachlage ergebenden Willen der Beteiligten in Einklang. Nach dem Gesetz über Fremdwährungs-Schuldverschreibungen ist bei Schuldverpflichtungen, die aus Ausländerkrediten herrühren und auf ausländische Währung mit oder ohne Goldklausel lauten, im Fall einer Abwertung dieser Währung die abgewertete Währung für den Umfang der Zahlungsverpflichtung des Schuldners maßgebend. In Frage kam aber, ob im vorliegenden Falle das zurückzuzahlende Darlehen auf ausländische Währung lautete. Maßgebend war hiefür der Inhalt der Urkunde, der im Zweifel im Wege der Auslegung durch Feststellung des Parteiwillens zu ermitteln war. Der Fassung der Hypothekeneintragung kam keine ausschlaggebende Bedeutung zu, weil das deutsche Recht die Eintragung einer Hypothek in fremder Währung nicht zuläßt und auch im Jahr 1925 nicht zuließ. Wegen der Natur des Darlehens als eines Realvertrags, bei dem der Schuldner das Empfangene in gleicher Art, Güte und Menge zurückzuerstatten hat, ist in der Regel eine Fremdwährungsschuld anzunehmen, wenn das Darlehen in fremder Währung gegeben worden ist; doch können die Parteien vereinbaren, daß an Stelle des Empfangenen ein Reichsmarkbetrag als Darlehen geschuldet sein soll. Ebenso wird eine in inländischer Währung ausgedrückte Schuld nicht schon dadurch zur Fremdwährungsschuld, daß die Zahlung in ausländischer Währung bedungen wird. Die Klägerin hatte in der Urkunde klar anerkannt, als Darlehen einen Reichsmarkbetrag zu schulden; die Feststellung des Landgerichts, daß die Schuld der Klägerin auf Reichsmark laute, fand also in der Urkunde eine ausreichende Grundlage. Dem stand nicht entgegen, daß die Schuldsumme gleichzeitig in mehreren Währungen ausgedrückt war. Eine solche doppelte Bestimmung des Wertinhalts der Schuld ist zulässig; sie ist in der Regel mit einer alternativen Währungsklausel verbunden, durch die meist dem Gläubiger das Recht eingeräumt wird, zu bestimmen, nach welcher Währung sich die Erfüllung richten soll. Ein solches Wahlrecht des Gläubigers ist, auch ohne daß es ausdrücklich hervorgehoben zu sein braucht, anzunehmen, wenn die Umstände, insbesondere der Zweck der mehrfachen Schuldsummenbezeichnung, das ergeben, vor allem dann, wenn dadurch die Forderung des Gläubigers mit besserer Sicherheit ausgestattet werden soll. Verlangt in einem solchen Falle der Gläubiger die Zahlung in inländischer Währung, so gilt diese Leistung als von Anfang an geschuldet; eine Anwendung der Verordnung über Fremdwährungsschulden kommt nicht in Frage. (V, 15. Januar 1942.)

Amtl. Sammlg. S. 240—248.

Vgl. Bd. 109 S. 61; Bd. 152 S. 213.

32. **Außerbücherliches Eigentum.** (ÖstABGB. §§ 372, 425, 431, 441.) Die Eheleute S. verkauften im Jahre 1909 eine Reihe von Grundstücken an A., im Jahre 1918 weitere Grundstücke an die Eheleute P. In dem zweiten Kaufvertrag waren auch die Grundstücke 483 und 484 aufgeführt. Die Käufer wurden im Grundbuch eingetragen. A. behauptete, die Grundstücke 483 und 484 seien schon im Jahr 1909 an ihn verkauft und übereignet worden, er habe sie auch seitdem ununterbrochen benutzt. In der Urkunde über den mit ihm abgeschlossenen Kauf waren diese Grundstücke nicht angeführt. Im Jahr 1927 erhoben die Eheleute P. Klage gegen A. auf Anerkennung ihres Eigentums, wurden aber abgewiesen mit der Begründung, daß die Grundstücke schon im Jahre 1909 an A. verkauft worden seien. Nunmehr klagte der Bruder des A., dem dieser die sämtlichen von den Eheleuten S. erworbenen Grundstücke verkauft hatte, gegen die Eheleute P. auf Feststellung seines Eigentums und Einwilligung in die Zuschreibung der Grundstücke in seine Grundbucheinlage. Die Klage drang in allen Rechtszügen durch. In dem früheren Rechtsstreit war schon festgestellt worden, daß es im Widerspruch mit dem Wortlaut der Kaufsurkunde zwischen den Eheleuten S. und den Beklagten zu keinem

Vertrag über die Grundstücke gekommen war. Sie hatten also keinen gültigen Titel für sich. Titel ist nicht die Vertragsurkunde, sondern die Rechtshandlung, welche durch die Urkunde bescheinigt ist, da Gegenstand eines Kaufvertrags nur das sein kann, was nach dem Willen der Parteien wirklich gekauft und verkauft wurde. Die Beklagten waren also Besitzer, die keinen Titel ihres Besitzes hatten und gemäß § 372 ABGB. der Klage dessen weichen mußten, der zwar den Beweis des Eigentums an der Sache nicht führen konnte, wohl aber den gültigen Titel und die echte Art, wodurch er in den Besitz gekommen war, darzutun vermochte. Dadurch, daß die Beklagten ohne gültigen Titel auf ihrem bücherlichen Eigentum beharrten, enthielten sie die Grundstücke dem wahren Eigentümer vor. Wenn auch der Kauf nur mündlich abgeschlossen wurde, und bei der notarischen Abfassung die mitverkauften Grundstücke 483 und 484 versehentlich ausgelassen wurden, stellte der Kauf doch einen gültigen Titel für den Bruder des Klägers dar. Daß ihm die Grundstücke nicht in das bücherliche Eigentum zugeschrieben wurden, bildete zwar einen Mangel für den Erwerb des Eigentums, da bei unbeweglichen, in die öffentlichen Bücher eingetragenen Sachen noch die Einverleibung hinzutreten muß. Für die Begründung der Klage reichte aber die Übung tatsächlichen Besitzes an den streitigen Grundstücken aus, da dieser Besitz weder unecht noch unredlich oder unrechtmäßig war. Daß die Beklagten von diesen Grundstücken immer die Grundsteuer bezahlt hatten, war ohne Belang. (VIII, 30. Januar 1942.) Amtl. Sammlg. S. 248—253.

33. **Vorfahrtsrecht. Beweislast. Beweis des ersten Anscheins.** (StrVerkO. § 13; ÖstKraftHaftG. § 3.) Zwei Kraftfahrzeuge stießen in Wien in einer Straßenkreuzung zusammen; der Fahrer des einen wurde dabei schwer verletzt. Er klagte gegen den Fahrer und den Halter des anderen Wagens auf Schadenersatz. In zwei Rechtszügen wurde die Klage abgewiesen. Das Reichsgericht verwies die Sache zurück. Da es sich um den Zusammenstoß zweier Kraftfahrzeuge handelte, konnte nach österreichischem Recht der Kläger seine Schadenersatzansprüche nur auf schuldhaftes Verhalten des Fahrers des anderen Fahrzeugs stützen. Das Berufungsgericht hatte angenommen, daß dieser das Vorfahrtsrecht des Klägers nicht

schuldhaft verletzt habe. Es war davon ausgegangen, daß der Kläger ein Vorfahrtsrecht nur gehabt hätte, wenn ihm der Nachweis gelungen wäre, daß er früher in die Kreuzung gekommen sei als der Erstbeklagte; dieser Nachweis war nicht für erbracht angesehen worden, weil der Wagen der Beklagten vom Kläger von hinten angefahren worden sei und beim Zusammenstoß die Kreuzung schon fast ganz überfahren gehabt habe. Dabei war nicht genügend beachtet, daß auch in der Ostmark die Straßenverkehrsordnung vom 13. November 1937 und die auf sie gegründete Rechtsprechung des Reichsgerichts für die Frage des Vorfahrtsrechts maßgebend sind. Hienach hat an Straßen gleichen Ranges der von rechts Kommende die Vorfahrt; eine schuldhafte Verletzung dieser Regel liegt immer schon dann vor, wenn der von links Kommende in die Kreuzung einfährt, ohne mit Gewißheit darauf rechnen zu können, daß er die ganze Kreuzung ungefährdet durchfahren werde. Wenn es auf einer Kreuzung zu einem Zusammenstoß kommt, sieht das Reichsgericht regelmäßig den Beweis des ersten Anscheins als erbracht an, daß das von links kommende, also wartepflichtige Fahrzeug das Vorfahrtsrecht des von rechts kommenden Fahrzeugs schuldhaft verletzt hat. Der von links Kommende kann den Gegenbeweis führen, daß ihn besondere Umstände zu der Annahme berechtigten, er werde die Kreuzung ohne Gefahr eines Zusammenstoßes mit dem Vorfahrtsberechtigten noch vollständig überqueren können; an diesen Gegenbeweis dürfen aber keine zu geringen Anforderungen gestellt werden. Daß der Kläger deshalb kein Vorfahrtsrecht gehabt habe, weil er später in die Kreuzung einfuhr als der Erstbeklagte, und daß der Wagen der Beklagten beim Zusammenstoß die Kreuzung schon beinahe überfahren hatte, genügte für den Gegenbeweis nicht. Auch wenn den Kläger der Vorwurf eines schuldhaft verkehrswidrigen Verhaltens traf, entfiel damit sein Vorfahrtsrecht nicht; sein Verhalten kam nur unter dem Gesichtspunkt des Mitverschuldens in Betracht und konnte zu einer Teilung des Schadens führen. (VIII, 4. Februar 1942.) Amtl. Sammlg. S. 253—256.

34. Restitutionsklage. Abtretung der Forderung. (ZPO. §§ 265, 325, 578 ff.). Eine Bank klagte eine Grundschuld ein. Im ersten Rechtszug drang die Klage durch.

Während des Berufungsverfahrens trat die Bank die Forderung an eine andere Bank ab; sie änderte den Klageantrag dahin, daß der Beklagte die Zwangsvollstreckung aus der für die Klägerin eingetragenen, von ihr an die andere Bank abgetretenen Grundschuld zu dulden habe. Das Berufungsgericht wies die Berufung zurück, ohne auf die Antragsänderung Rücksicht zu nehmen; das Reichsgericht sprach bei der Zurückweisung der Revision die Verurteilung des Beklagten entsprechend dem geänderten Antrag der Klägerin aus. Der Beklagte erhob gegen die beiden Banken Restitutionsklage. Soweit diese gegen die zweite Bank ging, wurde sie als unzulässig zurückgewiesen. Das Reichsgericht hielt seine frühere Auffassung, daß für eine Restitutionsklage im Falle der Abtretung der Klageforderung der jeweilige Gläubiger der richtige Beklagte sei, nicht mehr fest. Wenn auch die Wiederaufnahme eines Verfahrens durch eine selbständige Klage geltend gemacht werden muß, ist sie doch den Rechtsmitteln nahe verwandt; das spricht dafür, die Klage gegen den früheren Gläubiger zu richten. Dafür sprechen auch Gründe der Zweckmäßigkeit. Wer die Partei im früheren Rechtsstreit war, ist immer bekannt; der Schuldner weiß aber nicht immer sogleich und sicher, wer der augenblickliche Inhaber der streitigen Forderung ist. Es können auch Zweifel bestehen, ob eine Abtretung wirksam gewesen oder (im Fall einer Anfechtung) wirksam geblieben ist, ob eine bloße Sicherungsabtretung vorliegt usw. Es wäre unbillig, dem Schuldner, der die Wiederaufnahme betreiben will, zuzumuten, diese tatsächlichen und rechtlichen Zweifel zu klären. (V, 22. Dezember 1941.) Amtl. Sammlg. S. 257—261. Vgl. Bd. 49 S. 363; Bd. 56 S. 301; Bd. 57 S. 285; Bd. 91 S. 195; Bd. 136 S. 123; Bd. 168 S. 225.

35. Verzug. Schadenersatz. Devisenrecht. (BGB. § 326; DevG. 1935 §§ 11, 14, 17; 1938 §§ 14, 40, 44, 64.) Ein jüdischer Arzt, der in Berlin eine Privatklinik betrieb, verkaufte am 1. März 1938 das Grundstück samt Inventar unter Ausschluß der Haftung für Beschaffenheit, Brauchbarkeit und Güte an einen Verein; der Vertrag wurde geschlossen unter der Bedingung, daß die staatliche Aufsichtsbehörde ihre Genehmigung erteile. Am 3. Mai wurde die Genehmigung der Aufsichtsbehörde erteilt; am 18. Mai erklärte aber der Polizeipräsident, daß er nach Prüfung der vorgelegten Pläne nicht in der Lage sei, die erbetene medizinal-polizeiliche Unbedenklichkeitserklärung abzugeben, da Anlagen, Bau und Einrichtung des Gebäudes gegen baupolizeiliche Vorschriften verstießen. Am 11. Juni verlangte daraufhin der Verein die Wandlung des Kaufvertrags. Der Verkäufer wies die Wandlung zurück und verlangte Schadenersatz wegen Nichterfüllung. Am 19. September 1938 verkaufte er das Haus anderweit. Der Verein klagte auf Feststellung, daß dem Verkäufer Ansprüche auf Schadenersatz nicht zuständen. Er machte geltend, daß es sich bei dem Kauf um eine Klinik gehandelt habe, die nach dem polizeilichen Bescheid nicht weiter betrieben werden könne, und daß es auch an der erforderlichen Genehmigung der Devisenstelle fehle. Das Berufungsgericht wies die Klage ab. Nach Einlegung der Revision wurde das gesamte noch im Inland befindliche Vermögen des Verkäufers zugunsten des Deutschen Reichs eingezogen; das Deutsche Reich trat ohne Widerspruch des Klägers in den Rechtsstreit ein. Das Reichsgericht verwies die Sache zurück. Die Verweigerung der polizeilichen Genehmigung zur Fortführung der Klinik berechtigte den Kläger nicht zum Rücktritt vom Vertrag. Es war nur das Grundstück mit Inventar verkauft worden; jede Gewähr wegen des Weiterbetriebes der Klinik wurde ausgeschlossen, wie sich aus dem Vertrag mit genügender Deutlichkeit ergab. Unter der staatsaufsichtlichen Genehmigung, von deren Erteilung die Wirksamkeit des Vertrags abhängig gemacht wurde, war nur die Genehmigung der dem klagenden Verein übergeordneten Aufsichtsbehörde (Ministerium für kirchliche Angelegenheiten) zu verstehen; diese war erteilt worden. Zu der Frage, ob der Vertrag devisenrechtlicher Genehmigung bedurfte, hatte das Berufungsgericht keine Stellung genommen; es war davon ausgegangen, daß für den Verkäufer, nachdem der Kläger vom Vertrag zurückgetreten war, kein Anlaß mehr vorgelegen habe, sich um eine solche Genehmigung, wenn sie wirklich nötig war, zu bemühen. Dieser Auffassung trat das Reichsgericht nicht bei. Der vom Beklagten geltend gemachte Anspruch auf Schadenersatz wegen Nichterfüllung trat an die Stelle des Erfüllungsanspruchs, setzte also die Entstehung eines solchen voraus. Weiter hatte er zur Voraussetzung, daß der Kläger mit einer Hauptverpflichtung in Verzug geraten war; von einem solchen kann aber nur dann die Rede sein, wenn die Verpflichtung begründet und fällig ist. Wenn der Verkäufer schon bei Abschluß des Vertrags Devisenausländer war, bedurfte der Vertrag der Genehmigung der Devisenstelle. Bei Grundstücksveräußerungen, die der Genehmigung nach der Bekanntmachung des Bundesrats vom 15. März 1918 über den Verkehr mit landwirtschaftlichen Grundstücken oder nach dem Preußischen Grundstücksverkehrgesetz vom 10. Februar 1923 bedurften, hat das Reichsgericht in ständiger Rechtsprechung den Standpunkt eingenommen, daß durch solche Verträge zwar ein Treuverhältnis zwischen den Parteien begründet wird, so daß kein Teil sich einseitig grundlos vom Vertrag lossagen kann, daß aber, solange die Genehmigung noch aussteht, kein Anspruch auf Erfüllung gegeben ist. Während nach diesen Vorschriften die Genehmigung schon zum schuldrechtlichen Vertrag erforderlich ist, betrifft die Genehmigungsbedürftigkeit nach dem Devisengesetz in der Regel nur das dingliche Verfügungsgeschäft. Im vorliegenden Falle war aber, wenn der Verkäufer beim Vertragsschluß Devisenausländer war, schon der schuldrechtliche Kaufvertrag genehmigungsbedürftig, weil darin die auf dem Grundstück liegenden Hypotheken in Anrechnung auf den Kaufpreis übernommen wurden; diese Schuldübernahme enthielt eine Verfügung über diese Forderungen zugunsten des Verkäufers und eine Verfügung über die Kaufpreisforderung von seiner Seite. Wenn also eine devisenrechtliche Genehmigung erforderlich war, entstand mangels dieser Genehmigung kein Erfüllungsanspruch und konnte auch von einem Verzug des Klägers keine Rede sein. Daß der Kläger die Erteilung der devisenrechtlichen Genehmigung wider Treu und Glauben vereitelt hätte, war nicht nachgewiesen; der Verkäufer konnte seinerseits um die Genehmigung nachsuchen, wenn das der Kläger nicht tat. War der Verkäufer beim Abschluß des Vertrags nicht Devisenausländer, wurde er es aber später, so war der Vertrag von vorneherein rechtswirksam, wurde aber unwirksam mit dem Zeitpunkt, da der Verkäufer Devisenausländer wurde. Dann kam es darauf an, ob der Anspruch auf Schadenersatz wegen Nichterfüllung, auf den sich das Vertragsverhältnis umgestellt hatte, in diesem Zeitpunkt schon entstanden war; in diesem

Falle konnte er dadurch, daß der Verkäufer Devisenausländer wurde, nicht mehr beeinträchtigt werden. Der Umstand, daß der Verkäufer Jude war, bedingte zur Zeit des Vertragsschlusses keine Genehmigungsbedürftigkeit. Durch die Verordnung vom 26. April 1938 über die Anmeldung des Vermögens von Juden wurde die Veräußerung eines gewerblichen Betriebes für genehmigungspflichtig erklärt, wenn an dem Rechtsgeschäft ein Jude als Vertragschließender beteiligt war; die Genehmigungspflicht trifft alle Verträge, die beim Inkrafttreten der Verordnung noch nicht erfüllt waren. Der Betrieb einer Privatklinik ist als Gewerbe anzusehen. Die Genehmigung wäre hienach erforderlich gewesen, wenn der Verein die Klinik, so wie sie bestand, hätte fortführen wollen; es war aber eine durchgreifende Veränderung geplant. (V, 19. Januar 1942.) Amtl. Sammlg. S. 261—269.

Vgl. Bd. 114 S. 155; Bd. 115 S. 35; Bd. 119 S. 332; Bd. 129 S. 357; Bd. 151 S. 116; Bd. 153 S. 384.

36. **Ehescheidung. Unterhaltsvereinbarung.** (EheG. § 80.) Ein Arzt, der mit seiner Frau in Unfrieden lebte, kam mit ihr überein, daß sie sich scheiden lassen wollten. Vor der Erhebung der Klage verpflichtete er sich in vollstreckbarer Form, ihr eine monatliche Rente von 600 *RM* zu zahlen, ihr die ganze Wohnungseinrichtung zu überlassen und die Kosten des Umzugs zu tragen. Die Klage wurde auf ehewidriges Verhalten des Ehemanns gestützt; da er nicht widersprach, wurde ihr alsbald stattgegeben. Zwei Jahre später erhob er Klage gegen die Frau mit dem Antrag, die Zwangsvollstreckung aus der vor der Ehescheidung getroffenen Vereinbarung für unzulässig zu erklären. In zwei Rechtszügen drang die Klage durch. Das Reichsgericht verwies die Sache zurück. Die Beweisaufnahme vor dem Berufungsgericht hatte ergeben, daß allerdings der Kläger seiner Ehefrau gegenüber sich Ehewidrigkeiten, die für eine Scheidungsklage ausreichten, nicht hatte zuschulden kommen lassen, wohl aber diese ihm gegenüber; daß die Scheidungsklage nicht hierauf gestützt wurde, hatte seinen Grund darin, daß die Absicht bestand, der Frau eine neue Eheschließung zu erleichtern. War es hienach auch richtig, daß die Parteien im Zusammenhang mit der vorausgegangenen Unterhaltsvereinbarung dem Scheidungsrichter im gegenseitigen Einvernehmen

einen in Wirklichkeit nicht bestehenden Scheidungsgrund vortrugen, so führte das doch deshalb nicht zur Nichtigkeit der Vereinbarung, weil die Ehe in jedem Falle scheidungsreif war. Die Scheidung hätte auf Begehren des Mannes hin ausgesprochen werden müssen, wenn er, statt sich nur mit der von der Frau betriebenen Scheidung einverstanden zu erklären, sie selbst verlangt hätte; nur in der Schuldfrage wäre anders zu entscheiden gewesen. Insoweit ging schon die frühere Rechtsprechung dahin, daß Vereinbarungen, die eine der wirklichen Rechtslage nicht entsprechende Regelung nur der Schuldfrage herbeizuführen bestimmt waren, weder gegen ein gesetzliches Verbot noch gegen die guten Sitten verstoßen. Die neue Regelung des Ehegesetzes will ersichtlich die Unterhaltsvereinbarungen für die Zeit nach der Scheidung über die frühere Rechtsauffassung hinaus weitgehend begünstigen und die wirtschaftliche Abwicklung zu scheidender Ehen möglichst erleichtern. Der dem früheren Recht zugrunde liegende Gedanke, daß eine Ehe soweit irgend möglich, aufrechtzuerhalten sei, ist dem neuen Rechte fremd. Das Gesetz kann allerdings nicht zulassen oder begünstigen, daß die Ehegatten durch einverständlichen Vortrag nicht bestehender Scheidungsgründe die Scheidung ihrer Ehe herbeiführen, wenn es an einem vom Gesetz anerkannten Scheidungsgrund überhaupt fehlt; denn die Verfügung über den Bestand der Ehe ist den Ehegatten entzogen. Ist dagegen ein Scheidungsgrund gegeben, tragen aber die Parteien statt dieses Grundes dem Gericht einverständlich einen anderen, nicht bestehenden Scheidungsgrund zur Herbeiführung der Scheidung vor, so verstoßen sie zwar gegen die den Parteien im Rechtsstreit obliegende Wahrheitspflicht; das Gesetz sieht aber in Anbetracht dessen, daß in diesem Falle in Wirklichkeit nur die Belange der Ehegatten selbst in Frage stehen, davon ab, als Folge des Verstoßes die Nichtigkeit einer damit in Zusammenhang stehenden, an sich erwünschten Unterhaltsvereinbarung auszusprechen. Es kann auch nicht entscheidend darauf ankommen, von welchem Teile die Scheidung betrieben wird. Nichtig wäre in einem solchen Falle die Unterhaltsvereinbarung nur dann, wenn sich aus ihrem Inhalt oder aus sonstigen Umständen ergeben würde, daß sie den guten Sitten widerspricht. Zu dieser Frage hatte das Berufungsgericht noch nicht Stellung genommen. (IV, 21. Januar 1942.)

Amtl. Sammlg. S. 269—277.

Vgl. Bd. 159 S. 157; JW. 1933 S. 154, 155.

37. Kommissionsgeschäft. Zweckeinlage. Bestimmtheit des Klagebegehrens. (ÖstHGB. Art. 272, 360, 361, 368; ÖstZPO. 226; ÖstEx. § 367.) Eine Bank gewährte einer Elektrizitätsgesellschaft im Auftrag eines ihrer Kunden (R.) in eigenem Namen einen Kredit von 1 000 000 čK. R. stellte ihr diesen Betrag von seinem Guthaben zur Verfügung. Die Bedingungen des Darlehens wurden mit ihm vereinbart; die Herkunft des Geldes durfte dem Elektrizitätswerk nicht bekannt gegeben werden. Dieses hatte der Bank 7% Zinsen zu zahlen; hievon waren 6,75% an R. abzuführen. Am 5. Juli 1933 wurde das Vertragsverhältnis zwischen R. und der Bank durch Widerruf aufgehoben. Die Bank wurde verurteilt, ihre Forderung gegen das Elektrizitätswerk in der Höhe von 1 000 000 čK. an R. abzutreten. Das geschah am 19. Oktober 1936; die Zinsabrechnung wurde für spätere Zeit in Aussicht gestellt. Sie erfolgte am 8. Februar 1937; zugleich erteilte die Bank dem Elektrizitätswerk den Auftrag, an R. aus ihrem Guthaben 171 930 čK zu erstatten. R. beanspruchte darüber hinaus noch weitere 188 850 čK. und erhob Klage mit dem Antrag, die beklagte Bank habe dem Elektrizitätswerk gegenüber die Abtretung aller Ansprüche auf Zinsen in gesetzlicher Höhe für die Zeit vom 5. Juli 1933 an zu erklären, so daß ihr selbst seit diesem Zeitpunkt kein Anspruch aus dem Rechtsgeschäft gegen das Elektrizitätswerk zustehe. In allen Rechtszügen drang die Klage durch. Die Bank hatte vor allem eingewendet, daß das Klagebegehren undeutlich und nicht vollstreckbar sei. Dieser Einwand war unbegründet. Das Klagebegehren war klar, deutlich und bestimmt. Die abzutretende Forderung war hinreichend deutlich bezeichnet, so daß die Schuldnerin (das Elektrizitätswerk) über den Umfang der verlangten Abtretung nicht im Zweifel sein konnte. Der Zinsanspruch war für die Zeit vor dem 5. Juli 1933 vertragsmäßig geregelt. In diese Regelung griffen die gesetzlichen Vorschriften über die Zinsfußregelung ein (Regierungsbekanntmachung vom 12. April 1933 und Regierungsverordnung vom 21. Dezember 1935). Was nach diesen Vorschriften die gesetzlich zulässigen Höchstzinsen waren, ergab sich aus ihnen selbst; darüber bestand keine Unklarheit. Das Urteil war auch vollstreckbar; eine Willenserklärung des Verpflichteten gilt als abgegeben, sobald das Urteil die Rechtskraft erlangt hat oder ein anderer Exekutionstitel zum Antrag auf Exekutionsbewilligung berechtigt. Durch Herabsetzung der Zinssätze wurde an der Verpflichtung der Beklagten, den Zinsenanspruch selbst für die Zeit nach dem Aufhören ihrer vertraglichen Beziehungen zu dem Kläger (5. Juli 1933) an diesen abzutreten, nichts geändert. Dieser Verpflichtung hatte sie mit der Abtretung von 171 930 čK. nicht genügt. Sie hatte nach dem 5. Juli 1933 den Kläger so behandelt, als ob er von da bis zum Tage der Abtretung der Hauptforderung nur eine Zinsenforderung aus einer Einlage in der Höhe der Hauptforderung gegen sie gehabt hätte; demgemäß hatte sie ihm bis zum 1. Januar 1936 nur $3\frac{1}{2}\%$, von da an $2\frac{3}{4}\%$ Zinsen berechnet, während sie anderseits dem Elektrizitätswerk 6% Zinsen zur Last schrieb. Das zwischen dem Kläger und der Beklagten bestehende Rechtsverhältnis war als ein Kommissionsgeschäft zu beurteilen; dafür sprach schon die Bindung der Beklagten bei der Verwendung des vom Kläger zur Verfügung gestellten Betrags wie die Bestimmungen über die Verzinsung, die der Beklagten nur eine Zinsspanne ließen. Wenn die Bank ausführte, daß es sich bei dem Kläger um eine Zweckeinlage gehandelt habe, verwechselte sie die Natur der Geldeinlage, durch deren Gewährung der Kläger die Ausführung seines Auftrags ermöglichen wollte, mit der rechtlichen Natur des Auftrags selbst. Der Begriff der Zweckeinlage hatte nur für die Zinsregelungsvorschriften eine Bedeutung, berührte aber die Darlehensgewährung selbst nicht. Als Kommittent war der Kläger berechtigt, das Kommissionsverhältnis zu widerrufen; damit wurde des Verhältnis beendet und die Bank war verpflichtet, dem Kläger zu leisten, was er aus dem Geschäft zu fordern hatte. Mehr als das hatte der Kläger nicht verlangt. (VIII, 28. Januar 1942.)

Amtl. Sammlg. S. 277—284.

38. **Stille Gesellschaft. Kündigung. Zins. Anschlußberufung.** (BGB. § 247; HGB. §§ 335 ff.). Zwischen H., der ein Handelsgeschäft betrieb, und P. kam eine Vereinbarung zustande, wonach P. sich an dem Geschäft mit einer

Einlage von 25000 *RM* beteiligte. Von den Erträgnissen sollte H. 12000 *RM* als Entgelt für seine Tätigkeit erhalten, weiter sollte seine Einlage wie jene des P. mit 8% verzinst werden. Aus dem weiterverbleibenden Gewinn sollte P. 12½% erhalten; im gleichen Maße sollte er an einem Verlust beteiligt sein. H. kündigte das Kapital zur Rückzahlung; P. erkannte die Kündigung nicht an. Die Klage des H. auf Feststellung, daß die Kündigung zu Recht bestehe, wurde in allen Rechtszügen abgewiesen. Im zweiten Rechtszug hatte der Beklagte im Wege der Anschlußberufung hilfweise beantragt festzustellen, daß der Gesellschaftsvertrag unter Herabsetzung des Zinssatzes von 8% auf 6% fortbestehe. Das Reichsgericht erklärte, daß die Einlegung einer Anschlußberufung zu dem Zweck, um einen Hilfsantrag (auch einen bedingten Hilfsantrag) zu stellen, zulässig sei; da aber die Berufung des Klägers gemäß dem Hauptantrag zurückgewiesen worden war, erübrigte sich eine Entscheidung auf die nur bedingt eingelegte Anschlußberufung. Die Vorschrift, daß der Schuldner, wenn ein höherer Zinssatz als 6% vereinbart ist, nach dem Ablauf von 6 Monaten das Kapital unter Einhaltung einer Frist von 6 Monaten kündigen kann, gilt für alle Schuldverhältnisse; Voraussetzung für ihre Anwendung ist aber, daß es sich wirklich um Zinsen und nicht um eine Gewinnbeteiligung handelt. Zinsen sind die vom Schuldner fortlaufend zu entrichtende Vergütung für den Gebrauch eines in Geld oder anderen vertretbaren Sachen bestehenden Kapitals, ausgedrückt in einem im voraus bestimmten Bruchteil der geschuldeten Menge. Sie bilden eine Vergütung für den Gebrauch, nicht für die Überlassung oder Hingabe eines Kapitals und sind für den Gebrauch des Kapitals schlechthin, unabhängig von seinem wirtschaftlichen Ergebnis, zu entrichten. Ist die bruchteilmäßige Vergütung nur aus einem etwaigen Gewinn zu leisten, so liegt keine Zinsvereinbarung, sondern eine Gewinnbeteiligung mit einem festen Betrage vor. Wie die Parteien die Vergütung bezeichnen, ist unerheblich. Ist dagegen der Bruchteil des Kapitals auch dann zu entrichten, wenn kein oder kein ausreichender Gewinn erzielt worden ist, so handelt es sich um Zinsen. Im vorliegenden Falle hatten die Parteien eine stille Gesellschaft miteinander vereinbart. Diese ist eine Zwischenform zwischen einer Vollgesellschaft und einem Beteiligungsgläubigerverhältnis. Es ist mit ihrem Wesen vereinbar, daß dem stillen Gesellschafter neben einer Gewinnbeteiligung noch feste Bezüge in Gestalt von Zinsen seiner Einlage bezahlt werden. Bei der Vergütung von 8% der Einlage handelte es sich also um echte Zinsen. Nach dem Vertrag war aber der Beklagte auch am Verlust beteiligt; die Beteiligung konnte bei schlechter Entwicklung zu einer Verminderung seines Kapitalguthabens bis zur völligen Aufbrauchung seiner Einlage führen. Hienach stellte seine Einlage kein reines Leihkapital, sondern verantwortliches Kapital dar, dessen etwaiger Verlust nicht nur zu Lasten des Klägers als Empfängers, sondern auch zu Lasten des Beklagten als Gebers ging. Bei einem so eigenartigen Verhältnis war für das Kündigungsrecht wegen überhoher Zinsen kein Raum. Bei einer stillen Gesellschaft mit Verlustdeckungspflicht des stillen Gesellschafters schuldet der Geschäftsinhaber diesem kein Kapital, das zur Rückzahlung gekündigt werden könnte. Der stille Gesellschafter hat erst nach Auflösung der Gesellschaft einen Anspruch auf Auszahlung des dann zu errechnenden Auseinandersetzungsguthabens. Bis dahin steht die Höhe dieses Guthabens im Ungewissen. Es ging nicht an, das Rechtsgebilde, das durch die Beteiligung des Beklagten am Handelsgeschäft des Klägers entstanden war, auseinanderzureißen und die Verzinsung der Einlage, die Gewinnbeteiligung und die Verlustbeteiligung jede für sich gesondert zu betrachten. Der Kläger als Geschäftsinhaber konnte dem Beklagten als stillem Gesellschafter kein Kapital zur Rückzahlung kündigen; er konnte nur die Gesellschaft kündigen mit der Wirkung, daß im Fall ihrer Auflösung die Auseinandersetzung stattzufinden hatte. Wenn die Höhe der dem Geschäftsinhaber obliegenden Leistungen eine gedeihliche Entwicklung des Handelsgeschäfts hindert, ist die Kündigung der Gesellschaft aus wichtigem Grunde möglich. (II, 29. Januar 1942.) Amtl. Sammlg. S. 284—288.

Vgl. Bd. 92 S. 292.

39. **Bergschaden. Bestandteil. Zubehör.** (BGB. §§ 93, 94, 95; PrABG. § 148.) Eine Stadt bezog ihr Trinkwasser von einem Wasserwerk, das im Eigentum einer G. m. b. H. stand; das Rohrleitungsnetz, mit dem sie das Wasser den einzelnen Abnehmern zuführte, war ihr Eigen-

tum. Infolge von Bergbau traten Rohrbrüche und Wasserverluste ein. Die Aktiengesellschaft, der das Bergwerk gehörte, trug die Kosten der Wiederherstellung des Rohrnetzes, weigerte sich aber, Ersatz für den Wasserverlust zu leisten. Die Klage gegen sie hatte Erfolg. Die Rohrleitungen waren als wesentlicher Bestandteil der städtischen Grundstücke, in denen sie verlegt waren, anzusehen, weil sie mit diesen fest verbunden waren, und zwar nicht nur zu einem vorübergehenden Zweck; in ihnen wurde daher städtisches Grundeigentum beschädigt. Soweit zur Verlegung des Rohrnetzes andere Grundstücke benutzt worden waren, hatten die städtischen Rohrleitungen die rechtliche Eigenart beweglichen Zubehörs des städtischen Grundeigentums; sie waren keine Bestandteile der fremden Grundstücke geworden, mit denen sie nur auf Grund sachenrechtlicher oder schuldrechtlicher Rechtsverhältnisse zu vorübergehenden Zwecken verbunden waren. Das durch die Leitungen geführte Wasser blieb bewegliche Sache ohne Zubehöreigenschaft. Es fragte sich also, ob ein durch Wasserverlust entstandener Schaden als ein dem Grundeigentum oder dessen Zubehörungen zugefügter Schaden angesehen werden konnte. Das Reichsgericht erklärte, daß der Begriff nicht eng zu fassen sei, daß vielmehr darunter auch Schaden, der in engster Verbindung mit der Beschädigung des Grundeigentums eintritt, wenigstens dann zu verstehen ist, wenn es sich um Schaden handelt, der durch Untauglichwerden des Grundeigentums zu der ihm gerade gegebenen besonderen Zweckbestimmung (wie bei Wasserverlust durch Rohrbruch) entsteht. Bei natürlicher Betrachtung erscheint der Schaden, der bei Rohrbrüchen, sei es an der Leitung selbst, sei es durch Entweichen von Leitungsgut entsteht, als ein so zusammenhängender und einheitlich zu beurteilender Schaden, daß eine verschiedene rechtliche Behandlung dem Rechtsgefühl widersprechen würde. Der Wille des Gesetzes geht dahin, dem Grundeigentümer für den Schaden, den er infolge Beschädigung seines Grundeigentums durch den Bergbau erleidet, vollen Ersatz zukommen zu lassen; eine Beschränkung auf den bloßen Sachschaden am Grundeigentum oder dessen Zubehörungen läßt sich nicht rechtfertigen. (V, 2. Februar 1942.) Amtl. Sammlg. S. 288—291.

Vgl. Bd. 87 S. 43.

40. Gesellschaft mit beschränkter Haftung. Erhaltung des Stammkapitals. (GmbHG. §§ 30, 31; BGB. §§ 134, 138, 812 ff.). Der Geschäftsführer einer G. m. b. H. erwarb von einem Gesellschafter dessen Geschäftsanteil. Zur Sicherung der Kaufpreisforderung wurde auf dem Grundstück der G. m. b. H. eine Hypothek eingetragen. Der Verkäufer trat die Hypothek an eine Bank ab. Eine Gläubigerin der G. m. b. H. betrieb gegen diese die Zwangsvollstreckung. In der Versteigerung des Grundstücks der G. m. b. H. blieb die Bank Meistbietende; die ihr zustehende Hypothekforderung fiel aus. Wegen anderer Forderungen erwirkte dieselbe Gläubigerin gegen die G. m. b. H. einen Beschluß auf Pfändung und Überweisung der Forderung, die dieser nach ihrer Auffassung gegen den früheren Hypothekgläubiger zustand. Ihre Klage gegen diesen begründete sie damit, daß die G. m. b. H. schon zur Zeit des Verkaufs des Geschäftsanteils des Beklagten an den Geschäftsführer kein das Stammkapital erreichendes Reinvermögen mehr gehabt habe; die Hypothekbestellung sei eine durch § 30 GmbHG. verbotene Auszahlung an den Beklagten gewesen, für die der G. m. b. H. kein Gegenwert zugeflossen sei; der Beklagte habe den Wert der Hypothek dadurch erhalten, daß die Bank den Grundbesitz der G. m. b. H. weit unter Wert ersteigert und dem Beklagten den Wert der Hypothek zugewendet habe. Das Berufungsgericht gab der Klage nur insoweit statt, als der Beklagte von der G. m. b. H. Zinsen auf seine Forderung ausbezahlt erhalten hatte. Die Revision beider Teile führte zur Zurückverweisung der Sache. Das Berufungsgericht hatte angenommen, daß dem Beklagten eine Forderung, zu deren Sicherung die ihm bestellte Hypothek dienen sollte, nicht zustand und daß demgemäß die Hypothek in Wirklichkeit eine Eigentümerschuld der G. m. b. H. war. Zu dieser Auffassung war es auf Grund der Feststellung gelangt, daß in dem notarischen Kaufvertrag über den Geschäftsanteil des Beklagten der Kaufpreis nicht richtig angegeben war. Dabei war aber nicht beachtet worden, daß der Kaufvertrag, so wie er von beiden Teilen gewollt war, durch die Abtretung des Geschäftsanteils, die in derselben notarischen Urkunde erfolgte, wirksam geworden war; dem Beklagten stand also eine Forderung gegen den Geschäftsführer der G. m. b. H. zu und die

Wirksamkeit der für sie bestellten Hypothek konnte also nicht wegen Mangels einer Forderung bestritten werden. Aber selbst wenn die Bestellung der Hypothek zugunsten des Beklagten nichtig gewesen wäre, hätte doch eine Vermögensbeeinträchtigung der G. m. b. H., die als Vermögensvorteil dem Beklagten zugeflossen wäre, angenommen werden müssen. Wenn auch der Scheinbelastung ein Bereicherungsanspruch der G. m. b. H. gegenüberstand, wurde durch diesen doch die Belastung nicht ausgeglichen. Der Beklagte hatte die Hypothek auch weiter an die Bank abgetreten, so daß möglicherweise durch gutgläubigen Erwerb die ursprünglich unwirksame Hypothek wirksam wurde; daß die Abtretung nur zum Zweck der Einziehung erfolgte, in welchem Falle die Bank vielleicht nicht als Erwerberin der Hypothek angesehen werden konnte, war nicht festgestellt. Daß die Hypothek in der Zwangsversteigerung ausfiel, bewies nicht, daß durch sie keine Verkürzung des Vermögens der G. m. b. H. stattgefunden hatte; die Hypothek hatte der Bank ermöglicht, den Grundbesitz um einen Betrag zu erwerben, der weit hinter seinem Wert zurückblieb. Dem Anspruch der G. m. b. H. aus § 31 GmbHG. stand aber ein Einwand der Verjährung entgegen. Die Frist für diese ist von dem Zeitpunkt an zu berechnen, zu dem die G. m. b. H. einen Zahlungsanspruch gegen den Beklagten hätte erheben können, also von der Eintragung der Hypothek an; seitdem waren bis zur Erhebung der Klage mehr als fünf Jahre verstrichen. Zu prüfen war aber, ob der G. m. b. H. nicht ein Anspruch aus ungerechtfertigter Bereicherung zustand. Wenn ein Sachverhalt die Voraussetzungen für mehrere Klageansprüche begründet, folgt jeder grundsätzlich seinen eigenen Bestimmungen, insbesondere auch der für ihn festgesetzten Verjährungsfrist. Ein gegen § 30 GmbHG. verstoßendes Rechtsgeschäft ist nicht unter allen Umständen nichtig; das ergibt sich schon aus § 31 Abs. 2, wonach von einem gutgläubigen Empfänger die Erstattung nur insoweit verlangt werden kann, als das zur Befriedigung der Gesellschaftsgläubiger erforderlich ist. Bei der Regel des § 134 BGB. hat es aber sein Verbleiben, wenn das Rechtsgeschäft auch noch gegen die guten Sitten verstößt (§ 138 BGB.). Das traf im vorliegenden Falle zu, wenn dem Geschäftsführer der Gesellschaft und dem Beklagten bekannt war, daß deren Vermögen zur Befriedigung der Gläubiger nicht ausreichte. Wenn hienach die Unwirksamkeit der für den Beklagten bestellten Hypothek anzunehmen war, hatte die G. m. b. H. gegen ihn Anspruch auf Beseitigung der Hypothek oder Zustimmung zur Umwandlung in eine Eigentümergrundschuld. Dieser Anspruch war durch das Erlöschen der Hypothek infolge der Zwangsversteigerung gegenstandslos geworden; an seine Stelle trat ein Anspruch aus § 818 Abs. 2 BGB. oder, wenn der Beklagte durch die Hypothekbestellung kein Recht an den Grundstücken der G. m. b. H. erworben hatte, ein solcher aus § 816 Abs. 1. Hiefür waren noch nähere tatrichterliche Feststellungen erforderlich. (II, 15. Dezember 1941.)

Amtl. Sammlg. S. 292—304.

Vgl. Bd. 92 S. 82; Bd. 133 S. 395; JW. 1913 S. 48; 1926 S. 550; 1938 S. 2413.

41. Straßenbahn. Verdunkelung. Ursächlicher Zusammenhang. Mitverschulden. (RHaftpflG. § 1; BGB. § 254.) Ein Arbeiter wurde, als er nachts von seinem Werkplatz nach Hause ging, von einem Straßenbahnwagen angefahren und so schwer verletzt, daß er bald nachher starb. Die Klage seiner Witwe und seiner Kinder gegen die Aktiengesellschaft, welche die Straßenbahn betrieb, auf Schadenersatz wurde — unter Vorbehalt der Ansprüche der öffentlichen Versicherungsträger — zur Hälfte dem Grunde nach als berechtigt anerkannt. Die Revision der beklagten Aktiengesellschaft blieb erfolglos. Das Berufungsgericht hatte angenommen, daß ein für den Unfall ursächliches Verschulden der Beklagten oder ihrer Angestellten nicht vorliege, daß aber ihre Haftung nach dem Reichshaftpflichtgesetz begründet sei. Die Beklagte hielt dem entgegen, daß aus diesem Gesetz sich nur eine Haftung für die regelmäßigen Betriebsgefahren ergebe, nicht aber für die durch Kriegsmaßnahmen (Verdunkelung) bewirkten besonderen Gefahren. Da aber der Verunglückte durch einen fahrenden Straßenbahnwagen verletzt worden war, konnte nicht bezweifelt werden, daß sich der Unfall beim Betrieb der Straßenbahn ereignet hatte und durch diesen verursacht worden war, mochten auch andere Ursachen mitgewirkt haben. Zur Anwendung des Reichshaftpflichtgesetzes genügt auch eine bloße Mitverursachung durch das

Bahnunternehmen, sofern sie nur adäquat, d. h. nach der Erfahrung des Lebens im allgemeinen geeignet ist, den Schaden herbeizuführen. Das traf hier zu. Der ursächliche Zusammenhang wurde auch nicht durch das Mitwirken der Behörden in Gestalt der angeordneten Verdunkelung ausgeschlossen; auch wenn anzunehmen war, daß sich der Unfall bei friedensmäßiger Beleuchtung der Straße und des Straßenbahnwagens nicht ereignet hätte, blieb doch bestehen, daß der Unfall durch den Betrieb der Straßenbahn mitverursacht war. In der Verdunkelung war auch keine die Haftung der Beklagten ausschließende höhere Gewalt zu erblicken; durch die Verdunkelung war nur die Betriebsgefahr der Straßenbahn erhöht worden. Allerdings war die Gefahr der Verdunkelung nicht von der Straßenbahn allein zu tragen; auch die übrigen Verkehrsteilnehmer waren für die Zeit der Verdunkelung zu höherer Sorgfalt verpflichtet. Das Berufungsgericht hatte festgestellt, daß der Verunglückte dieser Pflicht nicht entsprochen hatte, allerdings nicht so sehr aus Leichtsinn als aus Übermüdung. Diesem Umstand war bei der Entscheidung Rechnung getragen worden. (VI, 6. Januar 1942.) Amtl. Sammlg. S. 304—307.

Vgl. Bd. 156 S. 257; Bd. 167 S. 325.

42. **Jagdpacht. Preisprüfung. Nichtigkeit.** (BGB. §§ 134, 139; PrStopVO. vom 26. November 1936; R.-JagdG. §§ 11, 12, 37, 42.) Eine Jagd wurde auf 9 Jahre verpachtet. Der Landrat des Kreises als Polizeibehörde für Mieten und Pachten setzte den vereinbarten Pachtpreis von 3000 *RM* auf 1000 *RM* herab; zugleich ordnete er an, daß der Verpächter wegen dieser Herabsetzung nicht berechtigt sei, von dem Pachtvertrag zurückzutreten oder ihn zu kündigen. Der Kreisjägermeister genehmigte den Vertrag in dieser Einschränkung. Die Witwe und Erbin des Verpächters klagte mit Erfolg auf Feststellung der Nichtigkeit des Vertrags. Mit der an die Herabsetzung des Pachtzinses geknüpften Anordnung hatte die Preisprüfungsstelle ihre Zuständigkeit überschritten. Die Rechtslage war demgemäß so zu betrachten, als ob die Anordnung nicht getroffen worden wäre. Für diesen Fall galt die Regel, daß der Pachtvertrag wegen des in ihm enthaltenen Verstoßes gegen die Preisvorschriften nichtig war, sofern sich nicht aus dem Gesetz eine Ausnahme ergab.

Eine solche Ausnahme war nicht zu erkennen. Nur wenn Sinn und Zweck des Verbotgesetzes trotz des Verstoßes gegen die Preisvorschriften die Aufrechterhaltung des verbotenen Geschäfts in Höhe des zulässigen Preises gebieten — wie es nach der Rechtsprechung bei der Veräußerung von Waren, die Gegenstand des regelmäßigen Handelsverkehrs sind, der Fall ist — muß eine Ausnahme von dem Grundsatz der Nichtigkeit anerkannt werden. Mit solchen Geschäften ließ sich der vorliegende Pachtvertrag nicht vergleichen. Die Verpachtung einer Gutsjagd ist ebenso wie ein Gutsverkauf eine Maßnahme von erheblicher wirtschaftlicher und auch ideeller Bedeutung, eine für lange Zeit sich auswirkende und für den Verpächter außergewöhnlich einschneidende Verfügung, welche der Veräußerung von Waren, die bestimmungsgemäß dem täglichen Umsatz zuzuführen sind, nicht gleichgeachtet werden kann. Selbst eine Gleichstellung mit der Verpachtung von Gemeindejagden ist nicht zulässig; während bei diesen die Verpachtung die Regel bildet, ist sie bei der Eigenjagd eine Ausnahme. Es würde als ein ungerechtfertigter Eingriff in die Freiheit der Entschließung des Verpächters erscheinen, wenn er zu einem unvorhergesehenen niedrigeren Preise an der Verpachtung festgehalten würde. Daß die Klägerin den nichtigen Vertrag, nachdem sie sich der Nichtigkeit bewußt geworden war, bestätigt hatte, was in den vom Jagdgesetz vorgeschriebenen Formen hätte geschehen müssen, war nicht dargetan. (VII, 3. Februar 1942.) Amtl. Sammlg. S. 307—315.

Vgl. Bd. 166 S. 89; Bd. 168 S. 91.

43. Abstammungsklage. Rechtliches Interesse. (ZPO. § 640.) Für ein schwachsinniges Mädchen, das mit Rücksicht auf seinen Zustand unfruchtbar gemacht worden war, wurde eine Klage auf Feststellung der blutmäßigen Abstammung von einem bestimmten Mann erhoben. Das Berufungsgericht stellte fest, daß die Einrede des Mehrverkehrs durch die Beweisaufnahme beseitigt sei, und gab der Klage statt. Das Reichsgericht wies sie ab. In der Regel kann bei Abstammungsklagen davon ausgegangen werden, daß ein rechtliches Interesse an der begehrten Feststellung vorhanden ist, daß also besondere Umstände vorliegen müssen, um dieses ausnahmsweise auszuschließen. Immerhin ist diese Frage von Amts wegen zu prüfen. Da die Klägerin unfruchtbar gemacht war und wirtschaftliche Belange nach Erledigung der Unterhaltsfrage nicht auf dem Spiele standen, konnte von einem rechtlichen Interesse der Klägerin an der Feststellung ihrer Abstammung nicht die Rede sein; die Aussicht, daß die Abstammungsfrage in ihrem Leben je eine wichtige Rolle spielen könne, lag ganz fern. Diese entfernte Möglichkeit rechtfertigte nicht die Belastung, welche die Klage für die Gerichte und die zur Erstattung der erforderlichen Gutachten benötigten Ärzte mit sich brachte. Das gilt besonders für die heutige Zeit, in der jede Kraftvergeudung vermieden werden muß. Demgemäß war die Klage abzuweisen, ohne daß auf die Sache einzugehen war. (IV, 18. Februar 1941.) Amtl. Sammlg. S. 316—317. Vgl. Bd. 160 S. 292.

44. **Grundstücksverkauf von Juden.** (VO. des Reichsprotektors in Böhmen und Mähren vom 21. Juni 1939 über das jüdische Vermögen; VO. vom 17. September 1940 über die Behandlung von Vermögen der Angehörigen des ehemaligen polnischen Staates.) Ein in Mähren gelegenes Haus wurde im Jahr 1939 verkauft. Die Verkäuferin war eine polnische Jüdin. Der Kaufpreis betrug 370000 čK.; er sollte binnen drei Wochen nach der Unterschrift des Vertrags in polnischer Währung in Krakau bar ausbezahlt werden. Der zuständige Landrat genehmigte den Vertrag mit der Auflage, daß der Kaufpreis auf ein Sperrkonto überzuführen sei, über das nur mit Genehmigung der Devisenstelle verfügt werden dürfe. Nachdem das geschehen war, klagte die Käuferin auf Feststellung, daß die Vormerkung des Eigentums im Grundbuch für sie gerechtfertigt sei. Die Beklagte wendete ein, daß durch die Anordnung des Landrats die Erfüllung des Vertrags für die Klägerin unmöglich geworden sei und daß demgemäß auch sie nicht zur Erfüllung angehalten werden könne. Die Klage drang in allen Rechtszügen durch. Während des Revisionsverfahrens genehmigte der Reichsprotektor in Böhmen und Mähren den Kaufvertrag, so daß die Vorschriften der Verordnung vom 17. September 1940 über die Behandlung von Vermögen der Angehörigen des ehemaligen polnischen Staates der sachlichen Erledigung des Klageanspruchs nicht mehr im Wege standen. Zur Zeit des Vertragschlusses war die Verordnung

des Reichsprotektors in Böhmen und Mähren vom 21. Juni 1939 über das jüdische Vermögen noch nicht erlassen; beide Parteien hielten aber auch nach Erlaß dieser Verordnung an dem Vertrage fest. Von diesem Zeitpunkt an konnte durch Weisungen der Behörden und durch die in der Genehmigung des Vertrags zum Ausdruck gekommene Auflage über die Begleichung des Kaufschillings der Vertrag geändert werden. Die für das Altreich zufolge der zweiten Durchführungsverordnung zur Verordnung über den Einsatz des jüdischen Vermögens vom 18. Januar 1940 geltende Bestimmung, daß eine Auflage bei der Genehmigung der Veräußerung eines jüdischen Grundstücks den Veräußerer nicht zum Rücktritt vom Vertrag berechtigt, ist auch im Protektorat zu beachten. Aus ihr ergibt sich, daß die Juden bei der Veräußerung von Grundstücken nicht nur der Genehmigungspflicht unterworfen sind, sondern daß auch der Vertragswille durch die Anordnung von Auflagen geändert werden darf, so daß in dieser Hinsicht keine volle Vertragsfreiheit besteht Die in dem Genehmigungsbeschluß vorgeschriebene Art der Begleichung des Kaufpreises war von der Klägerin erfüllt worden. (VIII, 6. Februar 1942.)

Amtl. Sammlg. S. 317--320.

45. **Werklieferungsvertrag. Nichterfüllung. Freizeichnung. Gläubigerpflicht. Unzulässige Rechtsausübung. Treu und Glauben.** (BGB. §§ 138, 242, 276, 280, 286, 287, 295, 325, 326; ZPO. § 259.) Eine G. m. b. H. wollte Rasierpinsel in den Verkehr bringen, bei denen die Rasiercreme in einer Tube im Griff untergebracht war und durch einen Druck in den Pinsel gepreßt wurde. Sie schloß im Oktober 1938 mit einem Fabrikanten einen Vertrag, worin sich dieser zur Lieferung von 100000 Pinselgriffen aus Kunstharz verpflichtete; in dem Vertrag lehnte er alle Schadenersatzansprüche, insbesondere den wegen verspäteter Lieferung, ab und erklärte die darin angegebenen Lieferfristen für freibleibend, versprach aber, die ersten Sendungen in etwa 6 Wochen herauszubringen. Die Verhandlungen, die der Fabrikant mit anderen Firmen wegen der Lieferung der nötigen Werkstoffe führte, zerschlugen sich; nach Ausbruch des Krieges wurde alles Kunstharz beschlagnahmt. Schon im März 1939 hatte die G. m. b. H. Klage auf die Lieferung von 40000 Pin-

selgriffen erhoben; hilfsweise hatte sie Schadenersatz verlangt. Auch nach Beschlagnahme des Kunstharzes hielt sie die Klage auf Lieferung aufrecht mit der Begründung, daß die zuständige Reichsstelle die Genehmigung zur Verwendung von Kunstharz erteilen werde, da die Ware in der Hauptsache im Auslande untergebracht werden solle. Das Landgericht wies die Klage ab. Im Berufungsverfahren änderte die Klägerin den Hauptantrag dahin ab, daß der Beklagte zur Lieferung Zug um Zug gegen Vorlage entsprechender Bescheinigungen der zuständigen Reichsstelle für Ausfuhraufträge verurteilt werden solle. Die Berufung wurde zurückgewiesen. Die Revision der Klägerin blieb hinsichtlich des Erfüllungsanspruchs ohne Erfolg; hinsichtlich des Schadenersatzanspruchs wurde die Sache zurückverwiesen. Das Berufungsgericht hatte auf Grund der von den zuständigen Reichsstellen erteilten Auskünfte festgestellt, daß die Lieferung der Pinselgriffe wegen der Beschlagnahme des Kunstharzes zum mindesten bis auf weiteres unmöglich war; daraus hatte es gefolgert, daß der Beklagte zur Leistung nicht verurteilt werden könne, gleichviel, ob er das Unmöglichwerden der Leistung verschuldet hatte oder nicht. Das erklärte das Reichsgericht für zutreffend. Auch die Verurteilung zu künftiger Leistung (nach Vorlage entsprechender Bescheinigungen) war mit Recht abgelehnt worden. Voraussetzung dafür wäre gewesen, daß die Verpflichtung zur künftigen Leistung in ihrem Bestande gewiß gewesen wäre, daß also im voraus festgestanden hätte, daß, sofern nichts Unerwartetes dazwischen kam, die verlangte Leistung nach Wegfall der bestehenden Hindernisse unmittelbar geschuldet würde. So lag die Sache hier nicht. Die verlangte Leistung war infolge der Kriegsmaßnahmen jedenfalls derzeit unmöglich; ob, wann und unter welchen Voraussetzungen sie wieder möglich wurde, war vorläufig noch völlig unbestimmt. Auch wenn die erforderlichen Bescheinigungen erteilt wurden, war ungewiß, ob die Herstellung der Pinselgriffe sich verwirklichen ließ. Unter diesen Umständen konnte ein Rechtsschutzbedürfnis für den geltend gemachten Anspruch nicht anerkannt werden. Der Beklagte hatte sich auch darauf berufen, daß die Klägerin es abgelehnt habe, ihrerseits zur Erfüllung des Vertrags mitzuwirken, daß sie insbesondere zu einer Aussprache, die hiewegen mit einem Lieferanten stattfinden sollte, trotz Ersuchens keinen Vertreter gesandt habe. Die Klägerin hatte demgegenüber den Standpunkt vertreten, daß sie dazu nach dem Vertrag nicht verpflichtet gewesen sei. Mit Recht hatte aber das Berufungsgericht eine solche Verpflichtung aus dem allgemeinen Grundsatz des § 242 BGB. abgeleitet. Allerdings handelte es sich im vorliegenden Falle um keine eigentliche Schuldnerverpflichtung der Klägerin, sondern nur darum, daß zur Bewirkung der Leistung die Mitwirkung der Klägerin verlangt wurde; aber auch hiefür kam der Grundsatz des § 242 BGB. in Anwendung. Den Schadenersatzanspruch hatte die Klägerin zunächst darauf gestützt, daß der Beklagte das Unmöglichwerden der Leistung verschuldet habe. Damit konnte sie schon deshalb nicht durchdringen, weil sie gleichzeitig den Anspruch auf Leistung aufrecht erhielt, also kundgab, daß sie die Leistung nicht für unmöglich ansah. Auf nicht rechtzeitige Lieferung (§ 286 BGB.) konnte der Anspruch an sich gestützt werden, obwohl die Leistung bisher noch nicht bewirkt war und möglicherweise auch später nicht mehr bewirkt wurde, da die Verzögerung bereits einen bezifferbaren Schaden verursachen konnte. Das Berufungsgericht hatte diesen Anspruch mit Rücksicht darauf abgewiesen, daß der Beklagte beim Abschluß des Vertrags Schadenersatz wegen verspäteter Lieferung ausdrücklich abgelehnt habe und eine vorsätzliche Verzögerung der Lieferung nicht nachzuweisen sei. Die Revision hatte demgegenüber ausgeführt, daß ein vereinbarter Haftungsausschluß wegen Verzögerung der Leistung nach Treu und Glauben schon bei grobfahrlässiger Verzögerung der Wirksamkeit entbehre. Das Reichsgericht erkannte an, daß die Zulässigkeit des Haftungsausschlusses durch § 276 BGB. (Unzulässigkeit des Ausschlusses der Haftung wegen Vorsatz) und durch § 138 BGB. (Ungültigkeit sittenwidriger Vereinbarungen) weitgehend eingeschränkt sei, daß auch § 242 BGB. der Geltendmachung solcher Vereinbarungen entgegenstehen könne; es erklärte es aber für zu weitgehend, auch den Haftungsausschluß für grobe Fahrlässigkeit schlechthin für unwirksam zu erachten, auch wenn er nur in allgemeinen Lieferungsbedingungen enthalten ist. Gerade eine Haftung für reinen Verzögerungsschaden kann für den Unternehmer wirtschaftlich schwer tragbar sein, besonders dann, wenn er sich nicht auf einen bestimmten Lieferzeitpunkt festgelegt hat. Die Abgrenzung zwischen leichter und grober Fahrlässigkeit kann hinsichtlich der Einhaltung einer angemessenen Lieferzeit auf erhebliche Schwierigkeiten stoßen und den Unternehmer der Gefahr von Rechtsstreitigkeiten aussetzen, deren Ausgang zweifelhaft ist. Da der Beklagte seine Haftung wegen verspäteter Lieferung uneingeschränkt ausgeschlossen hatte, konnte sein Hinweis hierauf nur dann als unzulässig anerkannt werden, wenn entweder festzustellen war, daß er die Lieferung vorsätzlich in unangemessener Weise verzögert hatte, oder wenn die Freizeichnungsklausel wegen der besonderen Umstände des Falles gegen Treu und Glauben verstieß. Die Klägerin hatte sich darauf berufen, daß der Beklagte gegenüber einem Lieferanten, mit dem er Verhandlungen eingeleitet hatte, durch Verweigerung der Zahlung des verlangten Vorschusses vertragsuntreu geworden sei, obwohl ihm die Mittel hiefür von ihr zur Verfügung gestellt worden seien. Wenn das zutraf, verstieß es gegen Treu und Glauben und erschien als unzulässige Rechtsausübung, wenn der Beklagte die Folgen seines Vertragsbruchs unter Berufung auf seine Lieferungsbedingungen auf die Klägerin abwälzen wollte. Das galt selbst dann wenn er nicht damit gerechnet haben sollte, daß der Lieferant infolge dieses vertragswidrigen Verhaltens sich vom Vertrag loslösen oder auch nur die Erfüllung verzögern würde. Von diesem Standpunkt aus war die Frage noch nicht geprüft worden. (II, 14. August 1941.)

Amtl. Sammlg. S. 321—331.
Vgl. Bd. 61 S. 337; Bd. 151 S. 38; JW. 1914 S. 937; 1937, S. 3226.

46. Tierhalter. Aufsichtspflicht. Beweislast. (BGB. § 834.) In einem städtischen Viehhof wurde ein Bulle, als er zur Waage geführt werden sollte, wild, zerriß den Nasenstrick, mit dem er gebunden war, und rannte in einen Seitengang, auf dem das Viehtreiben verboten war; dort drückte er einen Mann an ein Eisengitter und brachte ihm dabei erhebliche Verletzungen bei. Dieser klagte gegen den Dienstherrn des Treibers, der den Bullen zu führen hatte und gegen diesen selbst auf Schadenersatz. Er behauptete, der Treiber habe den Bullen falsch behandelt, er sei auch nach seiner ganzen Veranlagung nicht geeignet gewesen, einen Bullen zu führen; das habe auch sein Dienstherr gewußt. In zwei Rechtszügen wurde die Klage abgewiesen. Das Reichsgericht verwies die Sache zurück. Auf Tierhalterhaftung konnte die Klage nicht gestützt werden, da der Erstbeklagte nicht als Tierhalter anzusehen war. Er hatte auf Grund eines Geschäftsbesorgungsvertrags mit der Stadt das an der Ausladerampe ankommende Vieh zum Stall des Viehhofs zu befördern, dort zu füttern und nach etwa zwei Tagen zur Waage zu bringen; von da an hatten andere für die Weiterbeförderung zu sorgen. Ob während dieser Zeit die Eigentümer des Viehs oder die Stadt als Tierhalter anzusehen waren, ließ das Reichsgericht dahingestellt. Dagegen ergab sich die Haftung des Erstbeklagten aus § 834 BGB., weil er durch seinen Vertrag mit der Stadt die Führung der Aufsicht über das Vieh übernommen hatte; die Vorschrift setzt nicht voraus, daß der Vertrag mit dem Tierhalter selbst geschlossen ist. Auch der Anspruch gegen den Zweitbeklagten war aus § 834 BGB. zu beurteilen, weil dieser durch Vertrag mit dem Erstbeklagten die Führung der Aufsicht über das Vieh übernommen hatte. Über die Pflicht zur Beaufsichtigung des Viehs hinaus erstreckte sich die Sorgfaltspflicht des Erstbeklagten auch auf die Auswahl des Zweitbeklagten bei seiner Bestellung zum Viehtreiber und die Überwachung seiner Tätigkeit sowie die Beschaffung von Vorrichtungen und Gerätschaften zum Führen des Viehs; insoweit war sie nach § 831 BGB. zu beurteilen. Hienach hatten die Beklagten den Entlastungsbeweis zu führen. Das Berufungsgericht hatte als möglich angesehen, daß der Strick durch Kauen oder Lecken des Tieres naß geworden und dadurch in seiner Festigkeit beeinträchtigt worden war. Das bedeutete eine ständige Gefahr und es fehlte an einem Nachweis, wie die Beklagten ihr begegnet waren. Aufgabe des Zweitbeklagten wäre es gewesen, beim Losbinden des Bullen den Strick darauf zu prüfen, ob er nicht etwa zerkaut war; die Nässe mußte einem sorgfältigen Viehtreiber ohne weiteres auffallen. Der Erstbeklagte hätte darlegen müssen, daß er wegen des ihm bekannten, weniger guten Stoffes des Strickes dem Zweitbeklagten Verhaltungsmaßnahmen gegeben und über die allgemeine Prüfung der Stricke hinaus der Gefahr des Zerreißens im Einzelfalle Rechnung getragen hatte. Ließ sich diese Gefahr nicht ausschalten, weil besserer Stoff nicht zu beschaffen war, so hatte er zu prüfen, ob nicht andere Sicherheitsmaßnahmen erforderlich waren (Verwendung doppelter Stricke, Beistellung eines zweiten Treibers). Das Berufungsurteil ließ auch eine einwandfreie Feststellung darüber vermissen, ob der Zweitbeklagte den Bullen richtig behandelt hatte, ob er überhaupt zum Führen von Bullen die geeignete Person war und ob ihm der Erstbeklagte genügend über seine Pflichten unterrichtet und bei Ausübung seiner Tätigkeit ordnungsmäßig überwacht hatte. (VI, 9. Dezember 1941.) Amtl. Sammlg. S. 331—336. Vgl. Bd. 66 S. 1; Bd. 76 S. 230; Bd. 79 S. 246.

47. **Verjährung. Unzulässige Rechtsausübung. Revision.** (ÜberlVO. vom 28. Februar 1939 § 7; ÖstKO. § 111; ÖstABGB. §§ 1486, 1489.) Nach den in der oberösterreichischen Sägeindustrie geltenden Kollektivverträgen hatten alle Angestellten Anspruch auf einen dreizehnten Monatsgehalt als Jahresvergütung. In einem Sägewerk wurde im Sommer 1931 allen Angestellten bekannt gegeben, daß mit Rücksicht auf die schlechte Geschäftslage diese Auszahlung bis auf weiteres unterbleiben müsse; wer damit nicht einverstanden sei, habe mit der Kündigung zu rechnen. Mit Rücksicht auf die damals herrschende Arbeitslosigkeit stimmten alle Angestellten zu. Nach dem Umbruch verlangten sie Nachzahlung. Im Juli 1939 wurde über das Sägewerk das Konkursverfahren eröffnet. Einer der Angestellten meldete seine Forderung an und klagte auf Feststellung in der dritten Klasse der Konkursforderungen. Das Landgericht gab dem Antrag statt; das Berufungsgericht wies den Anspruch, soweit er sich auf die Zeit vor dem 31. Dezember 1935 bezog, wegen Verjährung ab. Das Reichsgericht stellte das Urteil des Landgerichts wieder her. Die Revision war, obwohl die Revisionssumme nicht erreicht war, zulässig, weil für Rechtsstreitigkeiten über die Richtigkeit und die Rangordnung von Konkursforderungen die Landgerichte im ersten Rechtszug ausschließlich zuständig sind. Der Einrede der Verjährung stand der Gegeneinwand der Arglist im Wege. Die Rechtsprechung des Reichsgerichts gibt diesen Gegeneinwand dem Gläubiger schon dann, wenn der Schuldner ihn durch sein Verhalten, sei es auch un-

absichtlich, von der rechtzeitigen Erhebung der Klage abgehalten hat; erst recht ist dieser Gegeneinwand begründet, wenn das durch eine unerlaubte Handlung geschehen ist, wie im vorliegenden Falle durch die Drohung mit der Kündigung. Nach Aufhören der den Arglisteinwand begründenden Verhältnisse läuft eine nach den Anforderungen des anständigen Geschäftsverkehrs und den Umständen des einzelnen Falles zu bemessende Frist für die Erhebung der Klage. Ist die rechtzeitige Klageerhebung durch eine schuldhafte Handlung gehindert, so kann der Verjährungseinrede der Gegeneinwand der Arglist so lang entgegengesetzt werden, als der aus der schuldhaften Handlung entspringende Schadenersatzanspruch noch nicht verjährt ist. Die Verjährung dieses Anspruchs beginnt mit dem Aufhören des Zustandes, den der Schuldner durch die schuldhafte Handlung geschaffen hat; die Frist dauert drei Jahre. Im vorliegenden Falle hatte die durch die Drohung mit der Kündigung geschaffene Zwangslage des Klägers fristlos mit dem Umbruch (13. März 1938) aufgehört; die Klage war also fristgerecht erhoben. (VIII, 11. Februar 1942.) Amtl. Sammlg. S. 336—339. Vgl. Bd. 115 S. 135; Bd. 128 S. 210; Bd. 143 S. 250; Bd. 144 S. 378; Bd. 153 S. 101.

48. **Abstammungsklage. Rechtliches Interesse.** (ZPO. §§ 640 ff.). Gegenüber einem unehelichen Kind erkannte der als Vater in Anspruch genommene Mann vor dem Vormundschaftsgericht die Vaterschaft an. Das Kind klagte auf Feststellung, daß der Beklagte sein blutmäßiger Vater sei. In zwei Rechtszügen drang die Klage durch. Das Reichsgericht wies sie ab. Voraussetzung für die Klage war das Vorliegen eines rechtlichen Interesses des Klägers an der verlangten Feststellung. Ein solches ist allerdings grundsätzlich zu bejahen, wenn nicht besondere Umstände des Einzelfalles dagegen sprechen. Solche lagen hier vor, weil überhaupt kein Streit und keine Ungewißheit über die Vaterschaft des Beklagten bestand. Der Kläger konnte bei den gegebenen Verhältnissen keinerlei Schwierigkeiten begegnen, wenn er zum Nachweis der deutschblütigen Abstammung oder dergleichen den Beklagten als seinen blutmäßigen Vater angab. Die urteilsmäßige Feststellung der blutmäßigen Vaterschaft war deshalb jedenfalls zur Zeit nicht erforderlich, mochte sie auch

nicht jedes Wertes entbehren. Sollte sich aus besonderen Gründen später ein Bedürfnis für eine solche Feststellung ergeben, so stand die jetzige Abweisung der Klage naturgemäß der Erhebung einer neuen Klage nicht entgegen. (IV, 18. Februar 1942.) Amtl. Sammlg. S. 339—342.

49. Grundstücksverkehr in der Ostmark. (Bek. über den Grundstücksverkehr vom 26. Januar 1937 § 1; 1. DurchfVO. zum RG. über die Sicherung der Reichsgrenze vom 17. August 1937 § 2.) Zwei Tschechen erteilten im Mai 1939 dem kommissarischen Verwalter des tschechischen Grundbesitzes an ihrem Wohnort schriftlich die Vollmacht, ihr Haus um einen bestimmten Preis zu verkaufen. Der Kaufvertrag wurde abgeschlossen und von einem Rechtsanwalt beurkundet. Nachträglich weigerten sich die Auftraggeber, den Verkauf anzuerkennen. Der Käufer klagte gegen sie auf Ausstellung einer beglaubigten Urkunde über den Kauf, in der auch ausgesprochen werden sollte, daß der Vertrag von der aufschiebenden Bedingung seiner Genehmigung durch den Landrat und die Devisenstelle abhängig sei. In allen Rechtszügen drang die Klage durch. In einer früheren Entscheidung hat das Reichsgericht die Auffassung vertreten, daß in Fällen, in denen die Gültigkeit eines Vertrags noch von der Genehmigung von Verwaltungsbehörden abhängt, nicht auf Fertigung eines schriftlichen Vertrags geklagt werden könne. Hieran wurde nicht mehr festgehalten. Allerdings befinden sich solche Verträge vor der Genehmigung in Schwebe; der Käufer kann keine Erfüllung und deshalb auch keine Ausstellung der zur Eintragung erforderlichen, einen Teil der Erfüllung bildenden Urkunde über den Vertrag verlangen. Die Tatsache, daß die Parteien einen Vertrag geschlossen haben, von dem es noch ungewiß ist, ob er wirksam oder unwirksam ist, zieht aber die Verpflichtung nach sich, daß sie beide zum Wirksamwerden des Vertrags zusammenarbeiten. Der Antrag an die Genehmigungsbehörde kann wohl ohne Vorlage eines schriftlichen Vertrags gestellt werden; die Behörde wird aber die Genehmigung nicht erteilen, wenn ihr nicht das Bestehen eines Vertrags nachgewiesen wird, der durch ihre Genehmigung gültig werden kann. Diesen Nachweis wird der Antragsteller im Altreich, wo der Kaufvertrag über ein Grundstück zu seiner Gültigkeit der gerichtlichen oder notarischen

Beurkundung bedarf, ohne Schwierigkeit führen können; anders im Geltungsbereich des österreichischen Rechts, in dem Grundstücksverträge auch mündlich abgeschlossen werden können. Hier muß der Antragsteller bei mündlichem Kaufabschluß die Bestätigung des anderen Vertragsteils erbringen, daß der von ihm behauptete Vertrag abgeschlossen worden ist. Weigert sich der andere Vertragsteil, das Zustandekommen des Vertrags zu bestätigen, so muß gerichtlich festgestellt werden, daß der Vertrag zustande gekommen ist und besteht. Das kann durch eine Feststellungsklage geschehen; diese ist aber nicht der einzige mögliche Weg. Zwischen einer Klage auf Feststellung des — vorbehaltlich der erforderlichen Genehmigung — gültigen Zustandekommens des Kaufvertrags und einer Klage auf Fertigung eines von der Genehmigung in seiner Gültigkeit abhängigen Kaufvertrags zum Zweck seiner Vorlegung bei der Genehmigungsbehörde besteht kein erheblicher Unterschied, zumal auch bei der zweiten Klage keine Handlung des Verurteilten vorgenommen zu werden braucht, vielmehr diese Handlung mit der Rechtskraft des Urteils als vorgenommen gilt. Der über den Kauf vor einem Anwalt abgeschlossene Vertrag reichte nicht aus, weil die Beklagten die Vollmacht des Verkäufers bestritten und dem Kläger daran gelegen sein mußte, im Besitz eines von den Beklagten selbst gefertigten Vertrags zu sein. (VIII, 20. Februar 1942.)

Amtl. Sammlg. S. 343—345.
Vgl. Bd. 165 S. 117.

50. Devisenrecht. Schutz guten Glaubens. (DevG. 1935 § 38.) Zwischen C. und S. wurde im September 1935 ein Vertrag geschlossen, worin C. anerkannte, von S. ein Darlehen von 6400 *RM* erhalten zu haben, und ihm zur Sicherung der Rückzahlung einen Teil seines Erbanspruchs gegenüber seiner noch lebenden Mutter abtrat. S. wohnte in Belgien, und zwar in dem Landesteil, der nach dem Weltkrieg von Deutschland an Belgien abgetreten worden war; dort wurde auch der Vertrag abgeschlossen. C. hatte seinen Wohnsitz im Inlande. Zur Ausführung des Vertrags übergab S. an C. Aktien einer deutschen Gesellschaft, die auf 6400 *RM* gewertet wurden. Im Jahr 1940 wurde von der Tochter des ursprünglichen Gläubigers, der dieser die Forderung abgetreten hatte, Klage auf Rückzahlung des Darlehens erhoben. Der Beklagte behauptete Nichtigkeit des Geschäfts, weil das Darlehen nicht bar ausbezahlt worden sei, weil in dem Vertrag eine Verfügung über den Nachlaß eines noch lebenden Dritten enthalten gewesen sei und weil das Geschäft gegen die deutsche Devisenordnung verstoßen habe. Die Klägerin beantragte die devisenrechtliche Genehmigung; diese wurde durch Bescheid der Devisenstelle vom 18. Dezember 1940 verweigert, am 31. Januar 1941 aber auf neuen Antrag hin erteilt. In zwei Rechtszügen drang die Klage durch; das Reichsgericht wies sie ab. Die Sache war nach deutschem Recht zu beurteilen, allerdings nicht, wie das Berufungsgericht angenommen hatte, weil das belgische Gebiet, in dem der Kläger wohnte und der Vertrag abgeschlossen worden war, jetzt zum Deutschen Reich gehört, sondern deshalb, weil sich aus den Umständen (Abfassung des Vertrags in deutscher Sprache und Festlegung des Darlehens in deutscher Währung) entnehmen ließ, daß die Beteiligten ihre aus dem Vertrag entspringenden Rechtsbeziehungen dem deutschen Recht unterstellen wollten. Da es sich bei dem Darlehen um den entgeltlichen Erwerb von Wertpapieren durch einen Inländer von einem Ausländer handelte, bedurfte das Geschäft der Genehmigung der Devisenstelle. Das Berufungsgericht hatte angenommen, daß diese am 31. Januar 1941 erteilt worden sei. Das Reichsgericht trat dieser Auffassung entgegen. Zufolge des Mangels der notwendigen Genehmigung war das Geschäft zunächst schwebend unwirksam; mit der Versagung der Genehmigung war es endgültig vernichtet. Nach den Grundsätzen des Verwaltungsrechts war es allerdings möglich, daß die Genehmigung nachträglich doch erteilt wurde; die Wirkung dieser Anordnung war aber nach Vertragsrecht zu beurteilen. Die Versagung der Genehmigung schafft eine klare Rechtslage für die Beteiligten, indem sie deren Bindung an das Geschäft in Wegfall bringt. Die nachträglich erteilte Genehmigung wirkt daher nicht auf den früheren Geschäftsschluß zurück; sie kann das Geschäft, auf das sie sich bezieht, nur insoweit wirksam machen, als es noch besteht. Bei einem zweiseitigen Geschäft ist nötig, daß im Zeitpunkt der nachträglichen Genehmigung beide Vertragsteile noch zu dem Geschäft stehen. Das traf hier nicht zu, weil der Beklagte die Gültigkeit des Vertrags bestritt. In Frage konnte nur kommen, ob nicht dem Kläger der Schutz des guten Glaubens zustatten kam. Zum Nachteil von Personen, die im Ausland ansässig sind, kann die Nichtigkeit eines Rechtsgeschäfts wegen Mangels der devisenrechtlichen Genehmigung nur geltend gemacht werden, wenn diese sie kannten, also sowohl den die Nichtigkeit begründenden Sachverhalt als auch die Anwendbarkeit einer Verbotsvorschrift auf ihn. Liegt eine Forderungsabtretung vor, so muß die Person des ursprünglichen Gläubigers maßgebend bleiben; nur aus seiner Person heraus kann die Kenntnis zur Zeit des Geschäftsabschlusses beurteilt werden. Der ursprüngliche Gläubiger (S.) war dadurch, daß sein Wohnsitz durch Erlaß des Führers vom 18. Mai 1940 wieder zum Deutschen Reich kam, Deviseninländer geworden. Aus diesem Grunde konnte für die von ihm herrührende Forderung nicht mehr der weitergehende Schutz des guten Glaubens eines Ausländers zugebilligt werden; es handelt sich hier um eine persönliche Vergünstigung, deren Anordnung mit Rücksicht auf den Geschäftsverkehr mit dem Ausland zweckmäßig erschien. Das im Jahr 1935 abgeschlossene Geschäft war also schon aus diesem Grunde nichtig und wurde auch nicht nachträglich gültig. Diese Nichtigkeit mußte die gegenwärtige Gläubigerin hinnehmen. (V, 23. Februar 1942.)

Amtl. Sammlg. S. 346—355.
Vgl. Bd. 103 S. 104; Bd. 106 S. 142; Bd. 156 S. 158; JW. 1922 S. 491.

51. Revision. Zulässigkeit. (ZPO. §§ 4, 511 a, 546.) Eine Klage auf Feststellung, daß dem Beklagten Ansprüche auf Schadenersatz in der Höhe von 40000 *RM*, deren er sich berühmt hatte, nicht zuständen, wurde im ersten Rechtszug abgewiesen. Der Kläger legte in vollem Umfang Berufung ein. Während des Berufungsverfahrens erhob der Beklagte gegen den Kläger eine selbständige Klage auf Schadenersatz in der Höhe von 25000 *RM*. Der Kläger schränkte darauf seine Feststellungsklage auf die den Betrag von 25000 *RM* übersteigenden Ansprüche ein und beantragte, die Hauptsache im übrigen für erledigt zu erklären. Das Berufungsgericht gab diesem Antrage statt, wies aber im übrigen die Berufung des Klägers mangels eines auch insoweit bestehenden Rechtsschutzbedürfnisses zurück und belastete ihn mit den Kosten des Rechtsstreits. Hiegegen legte er Revision ein mit dem Antrag, das angefochtene Urteil im Kostenpunkt und insoweit aufzuheben, als seine Berufung zurückgewiesen worden war. Der Beklagte erklärte, daß er auf seine Forderung verzichte, soweit sie 25000 RM übersteige. Der Kläger erwiderte, er nehme das zur Kenntnis, ohne eine Annahme des Verzichts aussprechen zu wollen, und beantragte, die Hauptsache auch wegen des 25000 RM übersteigenden Betrags für erledigt zu erklären, die gesamten Kosten aber dem Beklagten aufzuerlegen. Der zuständige Senat legte dem Großen Senat für Zivilsachen die Frage vor, ob eine zulässig eingelegte Revision dadurch nachträglich unzulässig wird, daß sich die Hauptsache durch eine einseitige Handlung des Revisionsbeklagten ganz oder zum Teil erledigt und demgemäß der Umfang der Beschwer des Revisionsklägers nicht mehr die Revisionssumme erreicht. Der Große Senat für Zivilsachen entschied, daß maßgebend für die Zulässigkeit des Rechtsmittels der Zeitpunkt seiner Einlegung ist und daß spätere Verminderungen des Beschwerdegegenstandes außer Betracht bleiben, es sei denn, daß sie auf willkürlicher Beschränkung des Rechtsmittels beruhen. Die einschlägigen Vorschriften lassen eine verschiedene Auslegung zu. Die Rechtsprechung hielt ursprünglich daran fest, daß ein Sinken der Rechtsmittelsumme unter die gesetzliche Grenze nur dann zu beachten sei, wenn der Rechtsmittelkläger seine Anträge, ohne durch äußere Umstände dazu genötigt zu sein, freiwillig einschränkt. Später wurden zwei Gruppen von Fällen unterschieden. Die erste Gruppe bildeten die Fälle, in denen der Gegenstand des Rechtsmittelbegehrens derselbe blieb, sein Wert aber (z. B. durch Sinken des Kurses von Wertpapieren) sich im Laufe des Rechtsmittelverfahrens verminderte; die zweite Gruppe umfaßte die Fälle, in denen der Rechtsmittelkläger seine Anträge im Laufe des Verfahrens beschränkte. Für die zweite Gruppe wurde grundsätzlich angenommen, daß eine Verminderung des Rechtsmittelbegehrens unter die Rechtsmittelsumme die Revision unzulässig mache; doch wurde auch hieran nicht festgehalten, wenn die Einschränkung durch Handlungen des Beklagten (z. B. durch ein Teilanerkenntnis) herbeigeführt wurde. Das Reichsgericht erklärte, daß maßgebend hienach nur sein könne, welche Auffassung den praktischen Bedürfnissen am besten gerecht werde. Es gab demgemäß der älteren Rechtsprechung den Vorzug. Es wäre wenig befriedigend, wenn die einmal gegebene Zulässigkeit eines Rechtsmittels keine endgültige wäre, sondern stets davon abhinge, ob ein der Rechtsmittelsumme entsprechender Beschwerdegegenstand noch bis zum Ende des Rechtsmittelzuges vorhanden ist. Klargestellt wurde, daß der Zeitpunkt der Einlegung des Rechtsmittels, nicht jener der mündlichen Verhandlung, grundsätzlich den Ausschlag gibt. Veränderungen im Streitgegenstande selbst oder in seinem Werte, die sich vor diesem Zeitpunkt vollzogen haben, müssen beachtet werden. Anders liegt die Sache, wenn die Beschränkung des Rechtsmittels zeitlich nach seiner Einlegung vorgenommen wird. Die hiedurch erfaßten Fälle gliedern sich in zwei Gruppen. Die erste Gruppe wird durch solche Rechtsmittel gebildet, in denen die Rechtsmittelschrift noch keinen Antrag enthält, dieser Antrag vielmehr erst in der Begründungsschrift gestellt wird. Hier ist es möglich, daß die Beschwer nach Einlegung des Rechtsmittels durch tatsächliche oder rechtliche Vorgänge teilweise weggefallen ist und der Kläger dadurch genötigt wird, seine Anträge den Umständen anzupassen. Zum anderen kann es sich darum handeln, daß der Kläger, ohne daß eine solche Veranlassung für ihn besteht, aus freier Willkür die an sich gegebene Beschwer nur zu einem Teil mit seinem Rechtsmittel abwenden will. In diesem Falle ist das Rechtsmittel unzulässig, wenn die Rechtsmittelsumme nicht erreicht ist; in den übrigen Fällen ist das Rechtsmittel zulässig, wenn der erledigte und der nicht erledigte Teil der Beschwer zusammen die Rechtsmittelsumme erreichen. Für den vorliegenden Fall war also die dem Großen Senat unterbreitete Frage zu verneinen. (Großer Senat für Zivilsachen, 10. Dezember 1941.)

Amtl. Sammlg. S. 355—361.

Vgl. Bd. 5 S. 387; Bd. 15 S. 405; Bd. 18 S. 418; Bd. 20 S. 430; Bd. 74 S. 325; Bd. 76 S. 292; Bd. 107 S. 53; Bd. 113 S. 246; Bd. 118 S. 149; Bd. 128 S. 66; JW. 1911 S. 459, 988; 1917 S. 482; 1920 S. 558; 1912 S. 2528; 1935 S. 2132; 1936 S. 2712.

52. **Reichsautobahn. Beamtenhaftung.** (WeimVerf.

Art. 131; BGB. § 839; RG. über die Errichtung eines Unternehmens „Reichsautobahnen" vom 27. Juni 1933, Neufassung vom 18. Dezember 1933; Satzung der Gesellschaft „Reichsautobahnen" vom 10./22. August 1933; RG. zur Neuregelung der Verhältnisse der Reichsautobahnen vom 1. Juni 1938; Neufassung des Reichsautobahngesetzes vom 29. Mai 1941.) Der Reichsbahnoberinspektor G., der dem Unternehmen Reichsautobahnen zur Dienstleistung zugeteilt war, führte in Ausübung seines Dienstes eine Fahrt in einem Kraftwagen aus; als Fahrer war ihm der von der Deutschen Reichsbahn der Reichsautobahn zur Dienstleistung überwiesene Kraftwagenführer R. beigegeben. Nach Abschluß der Dienstaufgabe fuhr er in einen benachbarten Ort und kehrte dort in einem Kaffeehaus ein; dort nahmen sowohl er als der Fahrer eine erhebliche Menge Kirschwasser zu sich, so daß sie schließlich beide stark angetrunken waren. Auf der Weiterfahrt stieß ihr Wagen mit einem Kraftrad zusammen; der Lenker des Kraftrades wurde schwer verletzt. Er verlangte von G. und von den Reichsautobahnen Schadenersatz. Die Reichsautobahnen erkannten seine Ansprüche teilweise an, bewilligten ihm insbesondere eine Rente. Er klagte auf Erhöhung der Rente und auf Schmerzensgeld. Das Landgericht gab der Klage gegen die Reichsautobahnen im wesentlichen statt; die Klage gegen G. wies es ab. Gegen das Urteil legten der Kläger und die Reichsautobahnen Berufung ein. Das Verfahren gegen G. wurde ausgesetzt; in der Richtung gegen die Reichsautobahnen drang die Berufung teilweise durch. Ihre Revision hatte keinen Erfolg. Die Entscheidung hing davon ab, ob G. im Dienste der Reichsautobahnen stand. Diese sind ein Zweigunternehmen der Deutschen Reichsbahn, aber selbständige juristische Person des öffentlichen Rechts. Dadurch, daß gemäß dem Gesetz zur Neuregelung der Verhältnisse der Reichsautobahnen vom 1. Juni 1938 durch die 3. Verordnung zur Durchführung dieses Gesetzes die Dienststellen der Reichsautobahnen zu Reichsbehörden erklärt wurden, sind die Reichsautobahnen nicht zu einem Zweig der Reichsverwaltung geworden. Ihre Geschäftsstellen werden zum Teil mit Beamten der Reichsbahn besetzt, die während dieser Verwendung Beamte der Reichsbahn bleiben; sie erhalten aber ihre dienstlichen

Weisungen von den Reichsautobahnen und diese haben der Reichsbahn die Selbstkosten für sie zu ersetzen. Zu diesen Beamten gehörte auch G. In übereinstimmung mit den Untergerichten erklärte das Reichsgericht, daß G. (wie auch R.) als im Dienste des Unternehmens Reichsautobahnen stehend anzusehen seien. Dieses hat eigene Rechtspersönlichkeit mit entsprechenden Organen (Vorstand und Beirat) und eigener gesetzlicher Vertretung durch den Vorstand; es hat eigenes Vermögen und eine selbständige Finanzgebarung. Die ihm zugeteilten Reichsbahnbeamten sind ausschließlich für das Unternehmen tätig und die mit ihren Stellungen verbundenen Unkosten (Gehälter und Löhne) trägt im Endergebnis, durch Rückvergütung an die Deutsche Reichsbahn, das Unternehmen. Es entspricht dem Grundgedanken des Art. 131 WeimVerf., die öffentlich-rechtliche Körperschaft, die in solcher Weise uneingeschränkt über die Dienste eines, wenn auch von einer anderen Körperschaft angestellten Beamten verfügt und der die Ergebnisse seiner Tätigkeit zugute kommen, auch für die in Ausübung seines Dienstes hoheitlicher Art dritten Personen schuldhafterweise zugefügten Schäden eintreten zu lassen. Sofern also G. zur Zeit des Unfalls in Ausübung der ihm von dem Unternehmen Reichsautobahnen anvertrauten öffentlichen Gewalt tätig war und dabei dem Kläger schuldhaft einen Schaden zufügte, hatte das Unternehmen Reichsautobahnen, nicht die Deutsche Reichsbahn, dafür einzutreten. Bei R., der nicht in einem Beamtenverhältnis, sondern in einem Angestelltenverhältnis zu der Deutschen Reichsbahn stand, ergab sich, wenn er bei der Unglücksfahrt in Ausübung öffentlicher Gewalt handelte, die gleiche Folge ohne weiteres; bei einer in einem bürgerlichrechtlichen Dienstverhältnis tätigen Person kommt es nur darauf an, von welcher Seite sie mit der Ausübung der öffentlichen Gewalt betraut worden ist. G. war als Dienstaufgabe die soziale Betreuung der beim Bau der Reichsautobahn beschäftigten Unternehmerarbeiter zugeteilt. Mit Recht hatten die Untergerichte darin eine hoheitliche Aufgabe erblickt. Allerdings können auch öffentlich-rechtliche Körperschaften sich zur Erreichung eines hoheitlichen Zwecks auf das Gebiet des bürgerlichen Rechts begeben; die soziale Betreuung der für das Unternehmen Reichsautobahnen tätigen Arbeiter liegt aber als Ausfluß staatlicher Fürsorge zweifellos auf staatshoheitlichem Gebiet. Die Fahrt mit dem Kraftwagen, die zu dem Unfall führte, lag als Ganzes im Rahmen der dienstlichen Aufgabe des G. Die Ausführungen darüber, inwieweit auch die Fahrt zu dem Kaffeehaus darunter fiel, sind nicht veröffentlicht. (III, 4. Februar 1942.) Amtl. Sammlg. S. 361—371. Vgl. Bd. 125 S. 11; Bd. 126 S. 81; Bd. 137 S. 38; Bd. 140 S. 126; Bd. 142 S. 190; Bd. 152 S. 385; Bd. 158 S. 83, 95; Bd. 159 S. 129; Bd. 161 S. 341; Bd. 166 S. 1.

53. **Kraftwagen. Haftpflichtversicherung. Gefälligkeitsfahrt. Vertragsauslegung. Typische Urkunde.** (VersVertrG. §§ 149ff.) Für einen Lastkraftwagen wurde Haftpflichtversicherung genommen. Die im Versicherungsvertrag enthaltene Frage, ob auch, falls Fahrten zur Personenbeförderung ausgeführt würden, die Ansprüche beförderter Personen mitversichert sein sollten, war nicht beantwortet worden; das galt nach einem Hinweis im Eingang des Versicherungsvertrags als Verneinung der Frage. Der Eigentümer des Wagens nahm auf einer Fahrt, die er zur Beförderung von Gütern durchführte, mehrere Soldaten auf ihren Wunsch ein Stück Weges mit. Während dieser Fahrt kam es zu einem Zusammenstoß; ein Teil der Soldaten wurde verletzt. Die Klage auf Gewährung des Versicherungsschutzes wurde in zwei Rechtszügen abgewiesen. Das Reichsgericht gab ihr statt. Die allgemeinen Versicherungsbedingungen, die für die Beurteilung des Falles maßgebend waren, stellten eine typische Vertragsurkunde dar; demgemäß unterlag deren Auslegung durch die Untergerichte der Nachprüfung des Reichsgerichts. In einer früheren Entscheidung wurde bereits anerkannt, in der besonderen Bedingung eines Versicherungsvertrags, wonach der Haftpflichtversicherungsschutz für einen Lastkraftwagen nur unter der Voraussetzung gewährt wurde, daß das Fahrzeug nicht zur Beförderung von Personen Verwendung fände, könne der Versicherungsausschluß nicht dahin verstanden werden, daß schon jede gelegentliche Mitnahme von Personen den Versicherungsschutz ausschließe. Hieran hielt das Reichsgericht fest. Die Fachgruppe Kraftfahrzeugversicherung der Wirtschaft hat seit Jahren sowohl dem

Reichskommissar für die Preisbildung als auch ihren Mitgliedern gegenüber den Standpunkt vertreten, daß ein Beitragszuschlag für die Übernahme der Versicherungsgefahr der Personenbeförderung bei der Versicherung von Lastkraftfahrzeugen nur dann zu erheben ist, wenn eine Fahrt zum Zweck der Personenbeförderung durchgeführt wird, daß dagegen die bloße Mitnahme fremder Personen keinen Zuschlag erfordert. Wenn die verklagte Versicherungsgesellschaft unterließ, im Versicherungsvertrag den Begriff der Personenbeförderung näher zu umreißen, konnte bei der Auslegung ihrer Bedingungen nicht zu ihren Gunsten angenommen werden, daß auch schon bei der nur gelegentlichen Mitnahme einzelner Personen während einer Betriebsfahrt entsprechend dem Vertragswillen jeder Versicherungsschutz entfallen solle. Die in dem Versicherungsvertrag gestellte und unbeantwortet gebliebene Frage betraf nur Fahrten, die zur Personenbeförderung ausgeführt wurden; daß die gelegentliche Mitnahme von Personen unstatthaft sein solle, war weder ausdrücklich, noch stillschweigend bedungen. Bei der Auslegung allgemeiner Versicherungsbedingungen kommt es in erster Reihe auf eine gegenständliche, vornehmlich von der Rücksicht auf Treu und Glauben und die Verkehrssitte beherrschte Betrachtungsweise an, zumal alles Zufällige des einzelnen Streitfalls beiseite zu bleiben hat und eine durchaus gleichmäßige und einheitliche Anwendung der Bedingungen in allen Streitfällen derselben Art gewährleistet bleiben muß. Ohne Bedeutung für die Entscheidung war auch die Frage, ob sich der Kläger durch die Mitnahme der verunglückten Soldaten einer unerlaubten Handlung schuldig gemacht hatte; daß er den Schaden vorsätzlich herbeigeführt habe, war nicht behauptet worden. Auch eine Obliegenheitsverletzung war nicht nachgewiesen. (VII, 24. Februar 1942.) Amtl. Sammlg. S. 372—384.
Vgl. DJ. 1941 S. 638.

54. **Abstammungsklage. Ähnlichkeitsgutachten.** (ZPO. §§ 286, 622, 640.) Gegenüber einer Klage auf Anerkennung der Vaterschaft und Unterhalt bot der Beklagte Beweis an, daß die Kindsmutter während der Empfängniszeit auch mit anderen Männern verkehrt habe. Als Zeugin vernommen, stellte die Kindsmutter das in Abrede; vereidigt wurde sie nicht. Der Beklagte wurde ent-

sprechend der Klage verurteilt; das Urteil erlangte die Rechtskraft. Mehrere Jahre später erhob der Beklagte eine neue Klage auf Feststellung, daß das Kind nicht von ihm erzeugt sei. Nachdem die Kindsmutter eidlich jeden Mehrverkehr während der Empfängniszeit bestritten hatte und ihre Aussage auch durch Zeugen unterstützt worden war, beantragte der Kläger die Einholung eines Ähnlichkeitsgutachtens. Das Berufungsgericht lehnte den Antrag ab. Die Revision des Klägers hatte keinen Erfolg. Wohl ist das Gericht in einem Rechtsstreit über die blutmäßige Abstammung zur erschöpfenden Aufklärung des Sachverhalts unter Ausnutzung aller Beweismöglichkeiten verpflichtet; die Einholung eines Ähnlichkeitsgutachtens erübrigt sich auch nicht schon deshalb, weil in den Bereich der Untersuchung außer dem Kinde, seiner Mutter und den die Abstammung leugnenden Männern keine anderen Männer zum Vergleich einbezogen werden können, da solche nicht bekannt sind. Die Pflicht des Gerichts zur Aufklärung findet aber ihre Grenze dort, wo einer Beweisaufnahme bei sorgfältigster Erwägung der Möglichkeiten keine weitere Klärung zu erwarten ist. Wer als Erzeuger eines unehelichen Kindes in Anspruch genommen wird, kann nicht durch einen einfachen Antrag die Einholung eines Ähnlichkeitsgutachtens erzwingen, wenn jeder Anhalt für einen Mehrverkehr der Kindsmutter fehlt. (IV, 25. Februar 1942.) Amtl. Sammlg. S. 385—388.

Vgl. Bd. 160 S. 192; Bd. 168 S. 316, 339.

55. **Reichsarbeitsdienst. Ärztliche Behandlung. Beamter.** (RArbDG. § 1; RArbVersG. §§ 7, 21; BGB. § 839; WeimVerf. Art. 131.) Ein Mann des Reichsarbeitsdienstes zog sich bei einem Marsch Blasen an beiden Füßen zu. Er wurde zunächst von einem Heilgehilfen seiner Abteilung behandelt; als sich Fieber bei ihm einstellte, kam er in die Krankenstube des Lagers. Der Vertragsarzt, dem die ärztliche Behandlung der Männer des Lagers oblag, hielt die Krankheit für Grippe; für die Füße ordnete er Umschläge mit essigsaurer Tonerde an. Der rechte Fuß entzündete sich und mußte abgenommen werden. Die Klage gegen den Arzt auf Schadenersatz hatte keinen Erfolg. Dem Kläger war vom Reich eine Versorgungsrente zuerkannt worden. Der Reichsarbeitsdienst ist öffentlich-rechtlicher Natur; die Rechte und Pflichten, die infolge

dieses Verhältnisses auf seiten der Angehörigen des Reichsarbeitsdienstes und ihnen gegenüber bestehen, gehören dem Gebiet obrigkeitlicher Gewaltausübung an. Das gilt auch von dem Anspruch auf freie ärztliche Behandlung und Krankenpflege. Der Beklagte erfüllte mit der Behandlung des Klägers eine Amtspflicht; er wurde insoweit als Beamter im Sinne des Art. 131 WeimVerf. tätig. Keine Bedeutung kam dabei der Art des Rechtsverhältnisses zu, durch das er zur ärztlichen Betreuung der Männer des Lagers verpflichtet worden war. Der Beamtenbegriff des Art. 131 WeimVerf. ist durch die Rechtsprechung des Reichsgerichts weitgehend von dem des Staatsrechts losgelöst und auf alle Personen ausgedehnt worden, die das Reich oder seine Gliederungen mit öffentlicher Gewalt bekleidet haben. Demgemäß traf die Haftung für ein etwaiges Verschulden des Beklagten die öffentliche Körperschaft, die ihn zur Ausübung der obrigkeitlichen Gewalt berufen und ihn damit für den Bereich seines Haftungsrechts zum Beamten gemacht hatte. Das war das Deutsche Reich, da der Reichsarbeitsdienst nicht mit der Stellung einer selbständigen Körperschaft ausgestattet, sondern als eine mit öffentlicher Machtbefugnis bekleidete Einrichtung des Reichs ins Leben gerufen worden ist. Das geltende Recht der Amtshaftung öffentlicher Körperschaften schließt aber alle Ansprüche aus, die der Verletzte auf Grund des die Amtspflichtverletzung bildenden Vorgangs unmittelbar gegen den Beamten erheben könnte. (III, 4. März 1942.) Amtl. Sammlg. S. 388—396. Vgl. Bd. 142 S. 190; Bd. 155 S. 362; Bd. 156 S. 95.

56. Unterbrechung des Verfahrens. (VO. vom 1. September 1939 Art. 1.) Die Ehe eines Wehrmachtsangehörigen wurde durch das Urteil des Landgerichts geschieden. Seine Berufung wurde verworfen, weil er versäumt habe, rechtzeitig die Zahlung der von ihm verlangten Prozeßgebühr nachzuweisen. Seine sofortige Beschwerde hatte Erfolg. Es stand ihrer Zulässigkeit nicht entgegen, daß sie in dem Beschluß des Berufungsgerichts nicht zugelassen worden war; der Kläger machte mit ihr geltend, daß der Beschluß mit Rücksicht auf den Eintritt einer Unterbrechung des Verfahrens gar nicht hätte erlassen werden dürfen. Die Unterbrechung war dadurch eingetreten, daß der Rechtsanwalt des Klägers dessen Vertretung niedergelegt hatte; von dem Zeitpunkt an, da die Mitteilung hievon beim Gericht einging, war der Kläger ohne Vertretung. Damit hörte der Lauf jeder Frist auf und gerichtliche Entscheidungen, die nach Eintritt der Unterbrechung ergingen, waren gegenüber dem Kläger wirkungslos. (IV, 11. März 1942.)

Amtl. Sammlg. S. 396—397.

Vgl. Bd. 141 S. 308; Bd. 160 S. 380.

57. **Ruhegehalt. Ämterwechsel.** (DBeamtG. § 90). Ein preußischer Regierungsinspektor wurde durch den Regierungspräsidenten in die Stelle eines hauptamtlichen Bürgermeisters einer Landgemeinde berufen. Die Berufung erfolgte zunächst für die Zeit vom 1. Dezember 1934 bis zum 30. März 1935, dann neuerdings für die Zeit vom 1. August 1935 bis zum 25. Juli 1936 und wieder für die Zeit vom 25. Juli 1936 bis zum 31. Oktober 1936. Nach Ablauf dieser Zeit kehrte der Beamte in seine frühere Stelle zurück. Am 9. Juli 1940 starb er. Seine Witwe erhielt vom Lande Preußen Witwengeld nach der Besoldungsgruppe A 4 c 2. Sie war der Meinung, ihr Ehemann habe den Anspruch auf Ruhegehalt nach Maßgabe der für seine Stellung als Bürgermeister maßgeblichen Besoldungsgruppe A 2 c 2 erworben, weil er die mit diesem Amt verbundenen Dienstbezüge länger als ein Jahr erhalten habe. Ihre Klage gegen das Land Preußen hatte keinen Erfolg. Das Witwengeld der Klägerin war abhängig von der Höhe des Ruhegehalts, das ihrem Ehemann zugestanden hätte, wenn er am Tage seines Ablebens in den Ruhestand versetzt worden wäre. In Frage kam, welchen Einfluß seine Verwendung als Bürgermeister auf die Gestaltung seiner Versorgungsansprüche ausübte. Nach § 90 DBeamtG. berechnet sich das Ruhegehalt eines Beamten, der früher ein mit höheren Dienstbezügen verbundenes Amt bekleidet und diese Bezüge wenigstens ein Jahr erhalten hat, sofern er in ein mit geringeren Dienstbezügen verbundenes Amt nicht nur auf seinen in eigenem Interesse gestellten Antrag übergetreten ist, nach den ruhegehaltsfähigen Dienstbezügen des früheren Amts und nach der gesamten ruhegehaltsfähigen Dienstzeit. Voraussetzung hiefür ist, daß die Einheitlichkeit des Beamtenverhältnisses durch den Wechsel der Ämter nicht berührt und das Beamtenverhältnis insoweit

nicht unterbrochen wird; die spätere Verwendung des Beamten in der geringer besoldeten Amtsstelle muß in Fortsetzung des Beamtenverhältnisses geschehen, das auch der früheren Verwendung des Beamten in der höher besoldeten Amtsstelle zugrunde lag. Der Ehemann der Klägerin war als Bürgermeister Gemeindebeamter, als Regierungsinspektor Staatsbeamter gewesen; er war aber für die Dauer seiner Verwendung als Bürgermeister aus dem staatlichen Beamtenverhältnis nicht ausgeschieden, sondern nur beurlaubt worden. Durch die Ernennung zum Bürgermeister wurde für ihn ein neues, selbständiges, dem Gemeindedienst zugehöriges Beamtenverhältnis begründet. Beide Beamtenverhältnisse liefen, ohne ineinander überzugehen, nebeneinander her. Wenn der Ehemann der Klägerin nach Beendigung seiner Dienstzeit als Bürgermeister seinen Dienst als Staatsbeamter wieder aufnahm, trat er nicht von einem Amt in ein anderes über. Es wäre auch vom Standpunkt der Billigkeit unverständlich, den Staat mit einem höheren Ruhegehalte zu belasten, wenn er einem Beamten durch Beurlaubung Gelegenheit gibt, außerhalb des Staatsdienstes endgültig eine andere Amtsstellung zu erwerben und der Beamte dann dieses Ziel nicht erreicht. Auch aus dem Gemeinderecht ließ sich die Klage nicht rechtfertigen. § 19 der 1. DVO. zur Deutschen Gemeindeordnung vom 22. März 1935 schreibt vor, daß Bürgermeister, die vor ihrer Berufung besoldete Beamte des Staates waren, im Falle der Zurücknahme ihrer Berufung in das ursprüngliche Dienstverhältnis wieder zu übernehmen sind. Diese Vorschrift traf nicht zu, weil der Ehemann der Klägerin nicht aus seinem ursprünglichen Dienstverhältnis ausgeschieden war. (III, 18. März 1942.) Amtl. Sammlg. S. 398—404.

Gesetzesregister.

Seitenzahlen der amtlichen Sammlung.

Sachregister.

FSC
www.fsc.org
MIX
Papier | Fördert
gute Waldnutzung
FSC® C083411

Kolibri 360 GmbH
Ferdinand-Jühlke-Straße 7
99095 Erfurt, Deutschland
produktsicherheit@kolibri360.de